einfach
PHILOSOPHISCH

Christa Pöppelmann

Die Kunst der Genügsamkeit

GONDROM

Christa Pöppelmann, Jahrgang 1967, absolvierte in München ein geisteswissenschaftliches Studium. Seit 1992 arbeitet sie als Journalistin und lebt heute in Berlin.

Produktion: twinbooks, München
Covergestaltung: Jarzina Kommunikations-Design, Köln
Coverabbildung: ©David Stoecklein/CORBIS

003

ISBN-10: 3-8112-2718-1
ISBN-13: 978-3-8112-2718-7

5 4 3 2 1

www.gondrom-verlag.de

DIE KUNST DER GENÜGSAMKEIT

»Der größte Lohn der

Selbstgenügsamkeit ist die Freiheit.«

Epikur (um 341–270 v. Chr.)

Genügsamkeit scheint eine Tugend für harte Zeiten zu sein. Wenn die Mittel begrenzt sind, dann heißt es bescheiden und sparsam zu sein, sich einzuschränken und mit wenigem auszukommen. Doch dann handelt es sich um keine Kunst, sondern um äußeren Zwang. Genügsamkeit als Lebenskunst bedeutet jedoch, souverän mit dem Überangebot umzugehen, sich selbst Grenzen zu setzen und herauszufinden, wann man »genug« von etwas hat.

Kaum einer von denen, die sich jemals mit der Kunst der Genügsamkeit beschäftigt haben, hatte es im materiellen Sinne nötig. Der berühmte Philosoph Sokrates zum Beispiel hätte durchaus wohlhabend sein können. Seine Schüler und Bewunderer waren die Söhne der mächtigsten und vermögendsten Bürger von Athen. Sokrates hätte es leicht zu Wohlstand gebracht, wenn er für seinen Unterricht Geld genommen hätte. Doch das tat er nicht. Viel wichtiger als jede materielle Sicherheit war ihm seine Unabhängigkeit.

Seine Genügsamkeit bedeutete für Sokrates Freiheit und Souveränität. Er ließ sich nie den Mund verbieten. Er ging keine faulen Kompromisse ein. Er war nicht erpressbar. Am Ende nahm er sogar sein Todesurteil gelassen hin. Er hätte es abwenden können, wenn er seinen Prinzipien untreu geworden wäre.

Doch er ging lieber zufrieden mit sich selbst in den Tod, als noch ein paar Jahre ohne Selbstachtung weiterzuleben.

Im Gegensatz zu Sokrates war der Stoiker Seneca einer der reichsten Männer Roms. Doch als er im Jahr 41 in die Verbannung nach Korsika geschickt wurde, schrieb er in einem Trostbrief an seine Mutter Helva: »Ich kann überhaupt nicht unglücklich werden.« Zum Leben brauche er nicht viel und alle Freude schöpfe ein Weiser aus sich selbst.

Einfaches, aber erfülltes Leben

Wenn von der »Kunst der Genügsamkeit« oder der »neuen Lust an der Askese« die Rede ist, dann hat man meist ein einfacheres, aber erfüllteres Leben vor Augen. Auf überflüssigen Luxus verzichten, die Schönheit des Alltäglichen wieder entdecken, ein Stück selbst gebackenes Brot anstatt eines Fertiggerichts aus der Mikrowelle, ein Spaziergang mit nackten Füßen im nassen Gras anstatt vor dem Fernseher sitzen, Ausspannen an einem einsamen See in Brandenburg anstatt den Urlaubsflieger in die Karibik nehmen: All das ist natürlich Genügsamkeit, aber es ist nur die Oberfläche. Die wahre Kunst der Genügsamkeit kommt aus unserem Inneren und umfasst viel mehr.

Denn Genügsamkeit bedeutet keineswegs, mit möglichst wenig von etwas auszukommen. Auch wenn wir das Wort im alltäglichen Sprachgebrauch nie so verwenden, Genügsamkeit bedeutet auch, sich nicht mit zu wenig zufrieden zu geben. Und das passiert leichter als man denkt. Gerade, wenn man äußerlich nicht allzu viel entbehrt, sondern eher die Qual der Wahl hat, dann merkt man manchmal kaum, wie Lebenssinn, echte Zufriedenheit, wahre Freundschaften und ähnlich grundlegende Werte zu kurz kommen. Während man von dem einen mehr als genug hat, übersieht man, dass der Bedarf an wirklich wichtigen Dingen beileibe nicht genügend gestillt ist. Die Kunst der Genügsamkeit richtig verstanden hilft, die Balance zwischen zu viel und zu wenig wieder zu finden.

Dreimal Glück

Im Lateinischen gibt es drei verschiedene Begriffe für das, was wir einfach Glück nennen. Da ist zum einen Fortuna, der glückliche Zufall. Fortuna kann einen treffen, aber ebenso schnell wieder verlassen. Im Mittelalter wurde sie gerne als Rad dargestellt. Wer heute noch oben ist, liegt morgen schon wieder unten. Auf Fortuna ist kein Verlass. Auf sie lässt sich kein glückliches Leben bauen. Dann gibt es Felicitas. Felicitas ist das Glück des Tüchtigen, der Erfolg. Eigene Fähigkeiten und glückliche Umstände kommen zusammen. Letztendlich lassen sich aber auch dadurch nur äußere Güter erwerben. Das dritte Glück schließlich ist Beatitudo, die Glückseligkeit oder der Seelenfrieden. Diesen zu finden, darauf kommt es im Leben an. Wer Beatitudo hat, kann oft auch Felicitas leichter erringen und Fortuna unbeschwerter genießen.

Genügsamkeit wird oft mit Bescheidenheit in einen Topf geworfen. Beide mögen nach außen auch manchmal ähnlich aussehen. Im Kern jedoch haben sie nichts miteinander zu tun. Immer wieder machen sich Menschen auf, das einfache, genügsame Leben zu suchen. Aber immer wollen sie nicht weniger, sondern mehr. Das war bei den Jugendlichen so, die zu Beginn des 20. Jahrhunderts in der Wandervogel-Bewegung Alternativen zum konsumorientierten, spießbürgerlichen Leben ihrer Eltern suchten, oder bei denen, die Mitte der 1960er-Jahre Freiheit und friedliches Zusammenleben in der Hippiebewegung finden wollten. Auch die Aussteiger, die in den 1980ern in Landkommunen ihr Gemüse selbst anbauten, taten es nicht, weil es billiger gewesen wäre oder sie sich in Bescheidenheit üben wollten.

In der griechischen Philosophie kam Bescheidenheit als Tugend gar nicht vor. Auch der christliche Kirchenlehrer Thomas von Aquin urteilte, Enthaltsamkeit, die nicht von Vernunft geleitet sei, sei keine Tugend. Und der schottische Philosoph David Hume äußerte im 18. Jahrhundert: »Zölibat, Fasten, Buße, Kasteiung, Selbstverleugnung, Scham, Schweigen, Einsamkeit und das ganze Verzeichnis mönchischer Tugenden: Aus welchem Grund werden sie wohl überall von klugen Menschen abgelehnt, wenn nicht deshalb, weil sie überhaupt keinem Zweck dienen, weder eines Menschen Glück in der Welt fördern, noch ihn zu einem wertvolleren Mitglied der Gesellschaft machen?« Stattdessen würde solche Barbarei gegen sich selbst nur den Verstand einschläfern, das Herz verhärten, die Fantasie trüben und das Gemüt verbittern, meinte Hume.

Die Anhänger der Genügsamkeit haben immer nach einem zwar einfacheren, aber besseren Leben gesucht. Nach Freiheit, Klarheit, Souveränität und Gerechtigkeit. Nach einem Leben, in dem Verstand, Herz, Fantasie und Gemüt zu ihrem Recht kommen.

Der Lohn der Genügsamkeit

Viele Menschen, die das Bedürfnis verspüren, einfacher und genügsamer zu leben, fühlen sich überfordert und »zugemüllt«. Sie möchten:

ihr bisheriges Leben ordnen,
Ballast loswerden,
Stress abbauen,
sich von Abhängigkeiten befreien,
selbstbestimmter und kontrollierter leben,
Klarheit über ihre eigentlichen Lebensziele bekommen,
Raum für Selbstverwirklichung finden,
Gerechtigkeit verwirklichen,
glücklicher und zufriedener werden.

Wir leben in einer von Überfluss und Leistungswillen bestimmten Zeit. Doch dahinter verbirgt sich etwas, das wir meist verdrängen: Weder bekommen, noch können oder dürfen wir alles.

Die Kunst der Genügsamkeit bedeutet, diese Tatsachen anzuerkennen. Wir sollten zudem aber auch selbst bestimmen, wann wir genug von etwas haben.

Bereits die griechischen Philosphen der Antike setzten sich mit der Kunst der Genügsamkeit auseinander. Die Arbeit an diesem Kunstwerk »Leben« durfte auch ein Leben lang dauern und nicht Vollkommenheit, sondern lediglich Zufriedenheit wurde erstrebt.

Lebenskunst hatte nichts mit Luxus zu tun, sondern damit, sein wahres Ziel zu finden. Die Philosophen behaupteten nicht, dies wäre immer leicht. Nicht umsonst zählten sie Tapferkeit oder Starkmut zu den Kardinaltugenden. Dennoch bemühten sie sich viel mehr, als das bei den Menschen heutzutage oftmals der Fall ist, um innere Ruhe und Einfachheit. Es täte uns heute wohl gut, einen Teil dieser »antiken« Einfachheit wieder zu entdecken.

Der praktische Nutzen der Philosophie

Philosophie darf praktisch genutzt werden. Schon Epikur sagte: »Leer ist die Rede jenes Philosophen, unter deren Einfluss keine menschliche Leidenschaft geheilt wird. Wie nämlich die Heilkunst, die keine körperlichen Krankheiten vertreibt, nutzlos ist, so ist es auch die Philosophie, die nicht die Leidenschaft der Seele verjagt.«

DAS RECHTE MASS FINDEN

»Mit 70 konnte ich dem Wunsch meines Herzens folgen, ohne das Maß zu überschreiten.«

Konfuzius (um 551–479 v. Chr.)

In der philosophischen Literatur kommt das Wort »Genügsamkeit« praktisch nicht vor. Dort spricht man lieber von Mäßigung oder Mäßigkeit. In unserer Alltagssprache hat beides den Beigeschmack von Kasteiung. Genügsam sind Haustiere wie Esel und Schafe. Mäßigkeit wird beim Essen und Trinken gepredigt, Mäßigung bei Wut und Zorn empfohlen. Bis zur Assoziation »mittelmäßig« ist es nicht weit. Noch schlimmer ist es, wenn »mäßig« alleine steht und eine Leistung beurteilt. Das bedeutet dann ungefähr Note 5. Gänzlich negativ besetzt ist der altertümliche Begriff Zucht, der beinahe automatisch als äußerer Zwang interpretiert wird. Das Problem ist, dass es in unserer Alltagssprache keine wirklich angemessene Übersetzung für das altgriechische Wort »Sophrosyne« beziehungsweise für das lateinische »Temperantia« gibt.

Sophrosyne bedeutet wörtlich übersetzt »ordnende Verständigkeit« und auch Temperantia drückt die Fähigkeit aus, aus verschiedenen Teilen ein neues, geordnetes Ganzes herzustellen. Im Kern geht es um eine vernünftige, gute Lebensgestaltung. Wer sein Leben selbst in die Hand nehmen will, der braucht Sophrosyne oder Temperantia, um all die Wünsche, Leidenschaften, Talente und äußeren Umstände, aus denen sich sein Leben zusammensetzt, zu ordnen. Das eine muss gezügelt werden, das andere gefördert. Im Endeffekt geht es immer darum, das rechte Maß in allen Dingen zu finden – so wie auch ein Künstler beim Anfertigen eines vollendeten Kunstwerkes. Deshalb greifen Philosophen lieber zum Wort »Mäßigkeit«, in dem dieses rechte Maß anklingt. Aber letztendlich drückt auch das »genug« in der Genügsamkeit nichts anderes aus. Wer genug hat, hat weder zu viel noch zu wenig, sondern das rechte Maß gefunden.

Vollendete Harmonie

Die alten Griechen hatten bereits erstaunliche naturwissenschaftliche Vorstellungen. Die so genannten Vorsokratiker, die im 7. und 6. Jahrhundert v. Chr. lebten, bewunderten vor allem die Harmonie des Kosmos und das Zusammenspiel all der verschiedenen Kräfte und Elemente. Auch die griechische Kunst huldigte dem Schönheitsideal der Harmonie. Ein Tempel wie der Parthenon auf der Akropolis ist im Grunde aus ganz einfachen Elementen aufgebaut. Trotzdem gilt er immer noch als eines der schönsten Bauwerke auf diesem Planeten. Genauso genügsam, aber ausbalanciert und wohlgeordnet soll auch das menschliche Leben sein.

Mäßigung heißt nicht Askese

Weder Sophrosyne noch Temperantia aber sind so sehr auf die äußerlichen Dinge beschränkt, wie das in den Worten Genügsamkeit und Mäßigung mitschwingt. Bei der Kunst der Genügsamkeit geht es nicht nur um die Einzelbereiche Essen und Trinken, Geld, Bequemlichkeit und materielle Güter. Die Kunst der Genügsamkeit gilt immer dem ganzen Menschen. Wer sich um Sophrosyne bemüht, der will auch in seinem Gefühlsleben das rechte Maß finden. Er will sich weder von Zorn oder Ehrgeiz dahinreißen, noch von Hemmungen und Ängsten blockieren lassen.

Der goldene Mittelweg des Aristoteles

In unserem christlich geprägten Denken neigen wir dazu, Gut und Böse, beziehungsweise Richtig und Falsch einander gegenüberzustellen. Die griechischen Philosophen taten das nicht. In der Nikomachischen Ethik des Aristoteles findet sich ein ganz anderer Ansatz. Bis in die Neuzeit bezieht sich praktisch jede ethische Philosophie auf diese grundlegenende Schrift des bedeutenden antiken Gelehrten.

»Desgleichen wird, wer jede Lust genießt und sich keiner enthält, zügellos, wer aber jede Lust flieht wie die sauertöpfischen Leute, verfällt in eine Art Stumpfsinn.«

Aristoteles (384–322 v. Chr.)

Für Aristoteles steht eine Tugend immer zwischen zwei Extremen oder Lastern. Die Tugend »Tapferkeit« steht für ihn beispielsweise zwischen der Feigheit und dem blindwütigen Drauflosschlagen. Drückebergerei gilt als genauso schlecht wie eine dumme, unangemessene Furchtlosigkeit. Tapfer dagegen ist der Mensch, der das richtige Maß findet und weder zu viel noch zu wenig Furcht hat. Genauso sieht Aristoteles die Genügsamkeit zwischen der Gier und der Stumpfheit, die an nichts Interesse hat.

Kaum jemand hat dagegen die Tugend der Genügsamkeit so gegeißelt wie Friedrich Nietzsche. »Sie enthalten sich wohl«, spottete er im *Zaratustra.* »Aber die Hündin Sinnlichkeit blickt mit Neid aus allem, was sie tun.« Oder: »Man hat sein Lüstchen für den Tag und sein Lüstchen für die Nacht; aber man ehrt die Gesundheit. Man wird nicht mehr arm und reich: Beides ist zu beschwerlich. Man arbeitet noch, denn Arbeit ist Unterhaltung. Aber man sorgt, dass die Unterhaltung nicht angreife.«

Nietzsche mag einen scharfen Blick für seine Zeitgenossen gehabt haben, Sophrosyne oder die Kunst der Genügsamkeit hat er nicht verstanden. Denn die Hoffnung, einem Laster zu entgehen, indem man die zugrunde liegende Gemütsregung gleich ganz einstellt oder gar noch mit Neid würzt, ist eindeutig nicht das, was Aristoteles mit der rechten Mitte meint. Genauso wenig meint Aristoteles mit der rechten Mitte »halbe Sachen«; halb ausgelebte Lüste, halbherzigen Mut, halb getane Arbeit, Meidung alles zu Beschwerlichen. »Nicht Mitte der Sache nach, sondern Mitte für uns«, betont er. In manchen Situationen kann sogar eine extreme Haltung wie »Alles oder nichts« oder »null Toleranz« angemessen sein. Wo das richtige Maß jeweils liegt, das muss aber jeder von uns selbst herausfinden.

Ein Trost jedoch ist, dass die richtige Mitte meist kein singulärer Punkt ist, den es genau zu treffen gilt. Am Beispiel des richtigen Humors betrachtet, gibt es zwischen Verspottung anderer und Griesgrämigkeit doch recht viele Möglichkeiten, sich seinem eigenen Temperament gemäß angemessen zu verhalten. Wer sich bewusst macht, dass er seine Mitmenschen nicht durch Spott oder Griesgrämigkeit verletzten will, der wird sich in der Regel auch nicht allzu sehr anstrengen müssen, beides zu vermeiden.

Natürlich gibt es im Leben größere Herausforderungen, als das rechte Maß an Humor zu beweisen. Doch im Prinzip gilt immer Ähnliches. Es geht um den Wunsch, das Angemessene zu treffen. Um nicht in unmäßigen Perfektionismus zu verfallen, schlägt die britische Philosophin Elizabeth Anscombe vor, sich in einer Situation nicht zu fragen: »Soll ich das tun?«, sondern: »Wäre es ungerecht, das zu tun?«

Haltung statt Normerfüllung
100-prozentige Normen sind schwer vereinbar mit dem rechten Maß. Immanuel Kant ist viel dafür gescholten worden, dass er meinte, ein Gebot wie »Du sollst nicht lügen« gelte in absolut jeder Situation – auch wenn man einen unschuldig Flüchtigen damit an seinen Verfolger ausliefern müsse. Man darf aber auch nicht übersehen, dass der Vertrauensverlust, den eine Lüge nach sich zieht, schwer wiegen kann, auch wenn die konkrete Lüge eher Positives bewirkt.

Die Tugend des Adels

Gern wird Genügsamkeit von denen gepredigt, die viel haben, und wendet sich an jene, denen es nicht so gut geht. Politiker und Wirtschaftsbosse fordern das Volk auf, den »Gürtel enger zu schnallen«, während sie weder die eigenen Diäten noch die dicken Gehälter beschneiden. Früher war das anders. Die griechische Sophrosyne wurde ursprünglich als die Zurückhaltung eines Mannes gesehen, der seine Macht missbrauchen könnte, es aber doch nicht tut. Genügsamkeit wurde nicht als Tugend

»Mein Ergebener, der frei von Feindschaft und allen Kreaturen gut gesinnt, barmherzig, völlig frei von Stolz und Selbstsucht, derselbe in Schmerz und Freude, geduldig in Unbill, zufrieden, beständig, ergeben, selbstbeherrscht, fest in Entschlüssen, und dessen Herz und Gemüt auf mich allein gerichtet ist, dieser ist mir teuer.«

Bhagavadgita (hinduistisches Lehrgedicht)

für die kleinen Leute betrachtet, denen meist sowieso nicht viel anderes übrig blieb, als sich mit wenig zufrieden zu geben, sondern als edle Selbstbeherrschung derer, die auch anders könnten.

Wie Genügsamkeit und Mäßigung ist auch der Begriff »Tugend« heute ein wenig verstaubt. Tugend scheint etwas für altmodische Menschen zu sein, die es im Leben aber nicht allzu weit bringen. Sowohl im deutschen Begriff »Tugend« als auch in der griechischen Entsprechung »Arete« schwingt jedoch auch die Tauglichkeit mit. Menschliche Tugenden sind die Eigenschaften, die uns befähigen, ein gutes Leben zu führen; wobei gut sowohl moralisch gut als auch angenehm bedeutet. »Arete« steht aber nicht nur für bloße Tauglichkeit, sondern auch für das Lobenswerte und Vortreffliche. Wer Tugenden vorweisen kann, sticht positiv aus der Masse heraus. Tugenden wurden nicht als Normenkatalog angesehen, der allen übergestülpt werden sollte, sondern als das, was einen Menschen auszeichnet.

Die Philosophie hat sich nie eingebildet, für alle Menschen zu sprechen. Ihr Zielpublikum waren immer jene, die mehr aus ihrem Leben machen wollten als »die Masse«. Wer denkt, er wäre ja dumm, wenn er bei der Steuererklärung ehrlich sei, solange alle schwindeln, oder meint, er würde erst dann aufhören, rücksichtslos seine Interessen durchzusetzen, wenn die anderen sich auch an die Regeln halten, der offenbart in den Augen der Philosophen, dass er eben keine Tugenden hat, sondern »typisch Masse« ist.

Das mittelalterliche Vorbild

Auch die mittelalterliche Literatur über die rechte »Maze« richtet sich an Menschen, die sehr wohl die Möglichkeit hatten, unmäßig zu handeln, und das oft auch taten, nämlich an die Ritter und Fürsten. Alles, was wir unter »Ritterlichkeit« verstehen – Fairness, Rücksicht, Hilfsbereitschaft, Ehrlichkeit und Großmut –, war auf den Burgen des Mittelalters nicht etwa die Regel, sondern ein Ideal, das entstand, weil man oft genug mit ansehen musste, welche Folgen es hatte, wenn sich die Mächtigen eben kein Maß auferlegten.

An sich, so resümiert Thomasin von Zerclaere im *Wälschen Gast*, einer der wichtigsten Moraldichtungen aus dem 12. Jahrhundert, seien Reichtum, Macht und Herrschaft ja nichts Schlechtes, sondern sogar »bona fortunae«, Gaben des Glücks. Zum Übel würden sie erst, wenn jemand sein Herz daran hängt. Wer das täte, käme nie zum Ziel, weil er immer mehr davon haben wollte. Es sei überhaupt ein Irrtum zu glauben, dass jemand, der von Natur aus habgierig sei, irgendwann genug habe. Die »Maze« sieht er als das grundlegende Korrektiv im Leben. Erst ohne »Maze« würden Dinge zu Lastern werden. Umgekehrt aber verwandle das rechte Maß Laster in Tugenden.

Kein Privileg

Natürlich ist die Tugend der Genügsamkeit nicht für die Reichen und Mächtigen reserviert. Auch wenn es Philosophen und Schriftsteller für nötig hielten, die gesellschaftliche Oberschicht besonders ins Gebet zu nehmen, steht es jedem Menschen in jeder Lage frei, sich für ein maßvolles und gerechtes Leben zu entscheiden.

Von Platon und Aristoteles lernen

Manches im Denken der antiken und mittelalterlichen Philosophen erscheint uns heute befremdlich. Doch ihnen würde es mit uns genauso gehen. Unser Schwarz-Weiß-Denken würde ihnen wohl starkes Kopfschütteln entlocken. Wenn wir Genügsamkeit und Mäßigung als Einschränkung erfahren haben, dann schließen wir gleich, dass das Gegenteil richtig sein müsse, und propa-

»Es ist leichter, einer Begierde ganz zu entsagen, als in ihr Maß zu halten.«

Friedrich Nietzsche (1844–1900)

gieren mit Schlagworten wie »Genug ist nie genug« den grenzenlosen Genuss und die ungehemmte Selbstentfaltung, anstatt einfach davon auszugehen, dass wir es mit der Genügsamkeit etwas übertrieben haben. Wenn wir einmal übervorteilt worden sind, dann wollen wir uns in Zukunft »gar nichts mehr gefallen lassen« und »nie wieder Opfer sein«. In den Augen eines Aristoteles oder Platon wären das ziemlich törichte und kindische Reaktionen. Trotz statt Einsicht.

Scheinbar steckt uns allen noch in den Knochen, dass dem Volk in der europäischen Geistes- und Religionsgeschichte etwas zu viel Demut, Bescheidenheit und Selbstverleugnung gepredigt worden ist. Dabei kann man nicht einmal der christlichen Philosophie einen Vorwurf machen.

Ein Thomas von Aquin beispielsweise hat sich eng an Aristoteles angelehnt, ja hat ihn für das Abendland neu entdeckt. Wie Aristoteles plädiert auch er für ein rechtes Maß an Zorn und wie Platon zählt er Tapferkeit und Klugheit zu den Kardinaltugenden. Alles Passive, Bequeme, Interesselose, Duckmäuserische, Weichgespülte lehnte Thomas entschieden ab. Die Glorifizierung der Bescheidenheit stammt eher von kirchlichen und weltlichen Machthabern, die sich ein fügsames, anspruchsloses Volk wünschten.

Übertreibungen vermeiden

Für die antiken Philosophen war völlig klar, dass es auch eine unmäßige Zurücknahme seiner selbst geben konnte, und sie gingen ziemlich hart damit ins Gericht. Demjenigen, der sich zu niedrig einschätzt, wirft Aristoteles Verantwortungslosigkeit vor, demjenigen, der Unrecht hinnimmt, knechtischen Sinn, und auch derjenige, der überhaupt keinen Ehrgeiz hat, bekommt sein Fett ab. Für Aristoteles und seine antiken Kollegen war es keine Frage, dass man nicht nur seine Wünsche und Leidenschaften mäßigen sollte, sondern auch seine Schüchternheit, seine Ängste und Hemmungen. So wenig wie man hemmungslos gierig sein sollte, sollte man unmäßig sparsam sein, weder ungezügelt zornig, noch grenzenlos harmoniebedürftig. Es gibt eigentlich überhaupt nichts, was man nicht über- oder untertreiben und damit ins Negative verkehren kann. Selbst die Liebe von Eltern zu ihrem Kind, meint Aristoteles, könne zu heftig sein.

Tugenden sind nie Selbstzweck, sondern dienen immer einem Ziel. In der Philosophie nennt man dies teleologische Betrachtungsweise (von griechisch: telos = Ziel). Genügsam soll man nicht um der Genügsamkeit willen sein, sondern wegen des Nutzens, der daraus entsteht.

Ein zweites Problem, das die antiken Philosophen mit unserem heutigen Denken hätten, wäre wohl das Misstrauen, mit dem wir das »Gute« betrachten. Obwohl wir uns genau wie damals wünschen, dass die Menschen fair, rücksichtsvoll und hilfsbereit zueinander sind, trauen wir uns kaum noch, vom moralisch Guten zu reden, und wenn, dann wird es ungeheuer kompliziert. Daran sind zum einen natürlich die vielen platten Schlagworte schuld, die Werte dreist für ihre Sache reklamierten und oft genug missbraucht haben. Zum zweiten scheinen alle Werte relativ geworden zu sein.

Hinter jeder menschlichen Handlung lässt sich, wenn man will, ein Problem ausmachen. Werte wie Liebe, Freundschaft und Glück werden auseinander genommen und hinterfragt. Ohne wirkliche Probleme verharmlosen zu wollen, ergibt sich doch der Verdacht, dass diese Negativsicht auf die menschlichen Regungen eine Grundstimmung des Misstrauens schafft.

Auch die Aufmerksamkeit, die wir unseren Begierden zukommen lassen, würde die antiken Philosophen wohl im höchsten Maße erstaunen. Sie leugneten keineswegs, dass jeder Mensch von seinen Leidenschaften beeinflusst wird. Aber sie waren grundsätzlich der Meinung, dass sich die Begierden durch die Vernunft beherrschen lassen.

Moderne Psychologen dagegen sehen den Menschen vor allem als Triebwesen. Die Leidenschaften haben das Primat vor der Vernunft. Einerseits wird ihr Potenzial als verderblich eingestuft, andererseits gilt es als ungesund, sie zu unterdrücken. Obwohl es natürlich viele Menschen gibt, die tatsächlich große Probleme mit ihren Trieben haben, tendiert die psychiatrisch geprägte Sichtweise dazu, diese Triebe zu dämonisieren. Sie erscheinen oftmals grundsätzlich als großes Problem, das ohne fachliche Hilfe kaum zu bewältigen ist.

Die antiken Philosophen waren möglicherweise zu optimistisch, was die Kräfte der Vernunft betraf, und neigten dazu, die Triebe klein zu reden. Doch lohnt sich zu fragen, ob man heute nicht dazu tendiert, sie allzu groß zu reden und ihnen zu viel Raum einzuräumen. Bei den antiken Philosophen jedenfalls galt es als uneingeschränkt positive Leistung, seine Triebe zu beherrschen. Heute fragt man sich eher, ob man verklemmt ist, wenn man seinen Gelüsten Zügel anlegt, ob man vielleicht etwas unterdrückt, was nicht gesund ist, oder umgekehrt, ob man nicht gesund ist, wenn man überhaupt solche Begierden verspürt.

Platon lässt Sokrates in dem Dialog *Philebos* sagen: »Und fürwahr, wie Weinschenken haben wir zwei Quellen vor uns: Mit Honig dürfte man wohl die der Lust vergleichen, die der Einsicht aber, nüchtern und weinfrei wie sie ist, mit einem harten und gesunden Wasser; und nun müssen wir trachten, sie so gut wie möglich zu mischen.«

Für den Alltag

Es gibt also einiges, was wir von den antiken Philosophen lernen können:

- Es kommt bei allen Dingen auf das rechte Maß an, nicht nur dort, wo man leicht ein »Zuviel« erkennt.
- Man sollte »gut« auch einfach mal »gut« sein lassen und nicht immer nach dem Pferdefuß suchen.
- Begierden sind etwas Natürliches, aber sie vernünftig zu beherrschen eine Leistung, auf die man stolz sein darf.

BALLAST ABWERFEN UND FREIHEIT GEWINNEN

»Genügsamkeit ist natürlicher Reichtum, Luxus ist künstliche Armut.«

Sokrates (469–399 v. Chr.)

Am Golf von Neapel nicht weit von Cumae lag im 1. Jahrhundert die Villa des schwerreichen römischen Exprätors Servilius Vatia. Über seinen Lebensstil kursierte in Rom der bewundernde Ausspruch: »Vatia, du allein verstehst zu leben.« Der Philosoph Seneca jedoch sagte jedes Mal, wenn er an der Villa vorüberkam: »Hier liegt Vatia begraben.«

Wir wissen nicht, wie Vatia selbst sein Leben sah. Aber wer beginnt, sich für die Tugend der Genügsamkeit zu interessieren, der hat oft die gleiche Erfahrung wie Seneca gemacht. Äußere Güter machen nicht unbedingt glücklich, ja sie können sogar dazu beitragen, dass wir unglücklich werden. Reiche und Arme, so stellte Sokrates fest, ähneln sich in einem Punkt oft erstaunlich: Sie sorgen sich ständig um ihren Besitz und denken nur ans Geld. Die einen, weil sie zu wenig davon haben, die anderen, weil ihre Habe so kostbar ist. Kein Wunder, dass er den Luxus als künstliche Armut bezeichnete. Man muss sich aber nicht gleich arm oder bei lebendigem Leib begraben vorkommen, um den Wunsch zu verspüren, unnötigen Ballast loszuwerden und sich mehr Freiheit zu verschaffen.

Es gibt ein recht bekanntes Entscheidungsspiel: Man stellt sich vor, man wäre als Schiffbrüchiger an einer einsamen Küste gestrandet. Zum Glück sind auch noch einige sehr nützliche Güter angespült worden. Sogar mehr, als man tragen kann. Welche nimmt man mit? Gebrauchen könnte man alles, doch wenn man wirklich alles mit sich schleppen würde, dann liefe man Gefahr, sich so langsam fortzubewegen, dass man nicht rechtzeitig Süßwasser findet. Um die Chance zu haben, sein Ziel zu erreichen, ist also Genügsamkeit gefragt.

Geld macht nicht glücklich

Während im Schiffbrüchigen-Spiel der Zwang zur Entscheidung noch relativ einsichtig ist, merken wir im wahren Leben meist zu spät, dass wir uns völlig überladen haben und unseren wahren Wünschen und Zielen meilenweit hinterherhinken, wenn wir nicht sogar ganz vom rechten Weg abgekommen sind, weil wir ihn vor lauter Ballast aus den Augen verloren haben.

Auch die von uns, die nicht gerade mit Wohlstand gesegnet sind, ja vielleicht sogar hart zu kämpfen haben, leben in einer Überflussgesellschaft. Wir werden mit Kaufanreizen, Werbung und Informationen zugeschüttet. Wir haben eine ungeheure Auswahl, aber jede Entscheidung verschlingt Zeit und Energie. Hinter vermeintlichen Schnäppchen lauern zahlreiche Pferdefüße. Trotzdem finden wir auch in einem Dutzend Schuhläden oft nicht das, was wir wünschen, und die Auswahl unter 50 Fernsehkanälen ist noch keine Garantie für ein unterhaltsames Programm. Doch es sind nicht nur materielle Dinge, die uns Fesseln anlegen. Unsere zahlreichen Pflichten und Verpflichtungen rauben uns einen Großteil unserer Zeit, und wenn wir doch einmal frei haben, dann fehlt oft die Energie, die Dinge anzupacken, die wir uns vorgenommen haben. Oft haben wir das Gefühl, nur noch Anforderungen von außen zu erfüllen und keine Zeit mehr für uns selbst zu haben.

Treffen Sie bewusste Entscheidungen

Überlegen Sie, welche Termine und Anschaffungen wirklich wichtig sind und welche nur belasten. Oft hilft es, einen Tag zu warten und zu überlegen, ob man etwas wirklich braucht, bevor man es aus unüberlegter Begeisterung oder aus Frust kauft und es später bereut. Suchen Sie sich eher langfristige Wünsche und Ziele als leicht zu befriedigende. Unternehmen Sie lieber einmal etwas Besonderes als öfter etwas, was Sie aus Gewohnheit gar nicht mehr erfüllt. Vorfreude ist oft schöner als die tatsächliche Wunscherfüllung, die uns immer wieder neue Wünsche erfinden lässt, um die neu entstehende Leere zu füllen.

»Fülle und Vorteile verleiten zu Äußerlichkeiten. Äußerlichkeit leitet ab vom Wesen.«

Lao-Tse (6. Jahrhundert v. Chr.)

Auch Seneca lebte in einer Überflussgesellschaft. Das Rom der frühen Kaiserzeit war reich und mächtig. In einem an seinen Freund Lucilius gerichteten Brief berichtet er von einem Besuch einer zu dieser Zeit gut 200 Jahre alten Villa. Dabei wundert er sich über die Einfachheit der häuslichen Einrichtungen, die seiner Meinung nach seinen Zeitgenossen nicht genügen würden.

Eigentlich, so verraten uns Umfragen, haben wir ganz einfache Bedürfnisse. Ganz oben auf der Hitliste dessen, was die meisten Menschen glücklich macht, steht das Zusammensein mit den Kindern, dem Lebenspartner und Freunden. Auch Lesen, Musik und Nachdenken sind nicht teuer. Warum hängen wir dennoch so an den materiellen Dingen und Äußerlichkeiten?

Die wenigsten Menschen würden von sich behaupten, dass sie materielle Dinge und Äußerlichkeiten sehr wichtig nehmen. Faktisch tun es die allermeisten doch.

Es scheint so zu sein, dass gerade, weil wir uns überfordert fühlen, der soziale Kitt unserer Gesellschaft aus Materiellem, Äußerlichem und Oberflächlichem besteht. Nach einem harten Arbeitstag ist es einfacher, über Oberflächliches zu reden, als über den Sinn des Lebens nachzudenken. Wer das in Frage stellt, stört. Dabei bräuchten wir unsere Zeit, unser Geld und unsere Energie eigentlich für wichtigere Dinge.

»Wenn man an Sinnesdinge denkt, entsteht Lockung, die Lockung erzeugt Begierde, Gier entbrennt zur Leidenschaft, die Leidenschaft zeugt Leichtsinn; das betrogene Gedächtnis lässt allen edlen Vorsatz kläglich fahren und ein Gedanke nur durchwühlt den Geist, bis es um Vorsatz, Geist und Mensch geschehen ist.«

Bhagavadgita (hinduistisches Lehrgedicht)

Das Ungeheuer Gier

Noch einmal Seneca: »Wie lange noch, und es wird keinen See mehr geben, der nicht von den Giebeln eurer Landhäuser überragt wird? Wo immer heiße Quellen hervorsprudeln, wird man neue Prachtstraßen erbauen. Wo immer sich am Meeresstrand eine Bucht anbietet, sofort seid ihr zur Stelle und fangt zu bauen an. Eher gebt ihr euch nicht zufrieden, als bis ihr euch nicht auch noch den Boden selbst schafft und das Meer verdrängt.«

Die Morallehre des christlichen Mittelalters kannte sieben Hauptlaster: Habsucht, Gefräßigkeit, Unkeuschheit, Faulheit, Neid, Arroganz und Wut. An der Auswahl könnte man viel kritisieren. Wer würde Grausamkeit beispielsweise nicht für schlimmer als Faulheit halten? Die sieben aber haben eines gemeinsam: Hinter allen stecken Unmäßigkeit und Gier. Gier nach möglichst viel Geld, Essen oder Bequemlichkeit, Gier nach den Gütern der anderen, nach einer herausragenden Stellung in Gesellschaft oder Beruf und dem Recht auf ungezügelte Emotionen.

Obwohl sie manchmal als Todsünden bezeichnet werden, wurden die Hauptlaster nicht als Sünden gesehen, sondern als die Charaktereigenschaften, die zu schweren Sünden führen.

Die amerikanische Philosophin Philippa Foot stellt den Tugenden lieber keine Laster, sondern Versuchungen gegenüber. Natürlich wollen wir unser Herz nicht an Äußerlichkeiten hängen, aber es ist verlockend, damit einen guten Eindruck bei anderen zu machen. Natürlich wollen wir die Natur nicht zerstören, sondern von unserem Haus am See aus genießen. Natürlich will niemand feige sein. Aber es ist eben eine große Versuchung, lieber den Mund zu halten und sich zu verdrücken, wenn eine Sache unangenehm werden könnte. Auch neidisch möchte man nicht sein, aber es drängt sich eben schon die Frage auf, warum gerade jener so viel Glück hat. Meist beginnen die Versuchungen sehr harmlos, aber dann bleibt es nicht dabei. Irgendwann hinterfragt man die Fassade, mit der man sich umgibt, nicht mehr und sie wird zum Selbstzweck. Irgendwann schmecken einem der billige Wein und das einfach gekochte Gericht nicht mehr und es muss schon etwas Besseres auf den Tisch, damit man zufrieden gestellt ist. Irgendwann hat man sich schließlich daran gewöhnt, sich aus allem Ärger rauszuhalten und sich Begründungen zurechtgelegt, warum das sowieso viel klüger ist. Und man schreit einfach los, wenn man wütend ist. Genauso wie der Neid unbemerkt zum Lebensbegleiter geworden ist.

Lassen Sie sich nicht entmutigen

Doch nicht nur die mittelalterlichen Hauptlaster sind Versuchungen. Es kann genauso eine Versuchung sein, sich seiner Verzweiflung hinzugeben, und eines Tages hat man verlernt, wie es ist, tapfer und diszipliniert zu sein. Stattdessen hat einen der Teufelskreis der Depression erfasst. Oder: Am Anfang hat man noch ein schlechtes Gewissen, wenn man die Familie über der Arbeit vernachlässigt. Irgendwann ist man ein Workaholic, der sich sogar trotz bestem Vorsatz nicht mehr auf die Anliegen seiner Frau oder Kinder konzentrieren kann, wenn eine schöne, emotionsfreie, technische Herausforderung lockt. Vor der Versuchung, Forschung jenseits ethischer Grenzen zu betreiben, hat beispielsweise schon Thomas von Aquin gewarnt. Irgendwann verschwindet die Frage, welcher Missbrauch mit neuen Waffen oder der Technik des Klonens betrieben werden kann, hinter der Herausforderung, »es« zu schaffen.

In der mittelalterlichen Literatur wie dem *Wälschen Gast* findet man das Bild der Lasterstiege. Der Weg zur Hölle, so Thomasin von Zerclaere, sei aus schlüpfrigen Stufen gemacht, auf denen man ganz leicht immer tiefer und tiefer gleite, von einer Versuchung zur nächsten. Lässt man einmal die Höllenassoziation und auch den Begriff Laster weg, dann beschreibt Thomasin eine Erfahrung, die jeder von uns ganz gut kennt. Ganz leicht und ohne es richtig zu merken, bekommen die Dinge plötzlich eine Eigendynamik und wir geraten plötzlich dorthin, wo wir überhaupt nicht sein wollten: im Gegensatz zu den Idealen, die wir eigentlich gepflegt haben, in Abhängigkeiten, die wir unbedingt vermeiden wollten, in ein Leben, das nicht unseres ist.

Der griechische Schriftsteller Plutarch spricht von psychischer Armut, wenn Menschen so weit sind, dass sie Unanständiges und Unbequemes tun, wenn es nur Geld einbringt. »Wär's nur eine materielle«, meint er, »könnte man mit Menander sagen: ›Ein einziger Freund, der Hilfe bringt, spielt leicht den Arzt.‹ Jene psychische Armut aber können noch so viele nicht satt machen, mögen es nun Lebende sein oder beerbte Tote.«

Die Angst vor der Besessenheit

Die Auswahl der sieben Hauptlaster zeigt, dass man damals nichts so sehr fürchtete wie Unmäßigkeit und Gier. Eine gemäßigte Unmäßigkeit gibt es nicht. Wer sich nicht zügeln kann, wird zwangsläufig vom Besitzenden zum Besessenen, vom selbstverantwortlich handelnden Menschen zum fremdbestimmten. Sokrates vergleicht die Begierde mit einem löchrigen Fass, das man füllen möchte. Seneca meint, Begierden wären wie das Bedürfnis, sich zu kratzen. Quälend, aber nicht wirklich lustvoll. Plutarch schreibt: »Glaubt aber einer, der Reichtum sei das höchste Gut, so ist das ein giftiger Irrtum, der die Seele zernagt, dem Menschen alle Besinnung raubt, ihn nicht schlafen lässt, mit Wahnsinn erfüllt, vom Felsen herabstürzt, würgt und seinen Freimut verdrängt.

Hauptziel: Stress vermeiden

Epikur wird oft als Philosoph der Lust bezeichnet, aber er ist auch ein Philosoph der Selbstgenügsamkeit oder Autarkie. Er sieht es als völlig in Ordnung an, wenn man seine Wünsche und Begierden befriedigt, solange man sich damit weder Abhängigkeiten, Unruhe oder Gefahren einhandelt.

Unruhe klingt zunächst einmal harmlos, doch was Epikur mit innerer Unruhe meinte, das ist das, was Psychologen heute als Stress bezeichnen. Und zwar nicht als positiven Stress, der einen Ansporn darstellt, sondern als ständig nagenden, negativen Stress,

»Hört endlich damit auf, die materiellen Dinge zu bewundern, hört auf, euch selbst zu Sklaven zu machen, vor allem Sklaven der Dinge, dann um deretwillen zu Sklaven auch der Menschen, die die Macht haben, euch diese Dinge zu verschaffen oder wegzunehmen.«

Epiktet (um 50–138)

so genannten Disstress. Der macht, wie mehrfach in Untersuchungen bewiesen worden ist, auf Dauer krank.

Epikur hat nach allem, was wir wissen, sehr moralisch gelebt, aber er urteilte nicht moralisch. Unehrlichkeit, Betrug und Gier sind seiner Meinung nach allein deshalb zu meiden, weil sie eine solche krank machende innere Unruhe mit sich bringen. Wer ständig davor zittern muss, ob das Finanzamt hinter den Betrug gekommen ist oder die nächste Rate für das neue Auto bezahlt werden kann, kann nach Epikurs Ansicht ganz einfach kein gutes, lustvolles Leben führen.

Der griechische Philosoph unterschied drei Stufen der Befriedigung von Begierden. Die erste, die er natürlich und notwendig nennt, umfasst die einfachsten Bedürfnisse wie genügend zu essen, zu trinken und ein Dach über dem Kopf. Dies sei nicht schwer zu beschaffen.

Die zweite Stufe sind die bereichernden Befriedigungen. Das ist alles, was man erlangen kann, ohne sich in Abhängigkeit oder Unruhe zu begeben. Man solle dies mitnehmen, sich aber nicht daran gewöhnen, sonst leide man, wenn man es nicht mehr habe. Sinnlos und leeren Wahn jedoch nennt er alle Bedürfnisse, deren Befriedigung mit demütigenden Abhängigkeiten oder krank machender Unruhe verbunden ist.

Vereinfacht ausgedrückt könnte man sagen: Da nicht immer alles zur Verfügung steht, worauf wir Lust haben, sollten wir unsere Lust eben auf das richten, was wir immer bekommen können.

Bei der Beurteilung, ob die Befriedigung von Begierden zu Abhängigkeiten oder Unruhe führen kann, kann man sich natürlich irren. Die Stoiker strebten deshalb sicherheitshalber nach einer Befreiung von jedem Affekt. Furcht, Begierde, Lust und Unlust sind für sie unvernünftige Bewegungen der Seele, die man nach Möglichkeit überwinden solle, wenn man ein freies und glückliches Leben führen wolle. Verlassen könne man sich nur auf die eigene Vernunft und Moral.

Irgendwie ist das ja nachvollziehbar. Wer sich nicht reich genug fühlt, der wird gierig, neidisch und geizig. Wer reich wird, empfindet ständig Sorge um sein Vermögen, weil es ja verloren gehen könnte. Vielleicht wird er dadurch auch unbesonnen und unmoralisch. Wer jedoch einen freien, aufrechten und unerschrockenen Geist habe, meint Seneca, könne nicht daran gehindert werden, sein Leben glücklich zu nennen. »Wer frei sein will, der darf weder etwas anstreben, noch etwas meiden von dem, was in der Macht anderer steht, sonst wird er zwangsläufig zum Sklaven.«

Die radikale Freiheit

Einer der wichtigsten Stoiker, Epiktet, unterschied radikal zwischen den Gütern, die verfügbar und damit frei, und denen, die nicht verfügbar und damit »sklavisch« seien. Verfügungsgewalt hätten wir über das Annehmen und Auffassen, den Antrieb zum Handeln, das Begehren und Meiden, nicht aber über den Leib, den Besitz, die Meinungen anderer und Staatsämter. »Wenn du das von Natur aus Sklavische für etwas Freies hältst und das Fremde für etwas Eigenes, dann wirst du dir selbst im Weg stehen, wirst jammern, wirst aus der Fassung geraten und mit Gott und der Welt hadern; hältst du aber nur das für das Deine, was einzig das Deine ist, das Fremde aber, wie es ja wirklich ist, für Fremdes, dann wird dich niemand jemals zwingen, niemand dich hindern, du wirst niemandem Vorwürfe machen, niemandem die Schuld geben, nie etwas gegen deinen Willen tun, du wirst keinen Feind haben, niemand wird dir schaden, denn du kannst ja überhaupt keinen Schaden erleiden.«

Das ist natürlich eine sehr radikale Anschauung. Allein der Gedanke, dass wir nicht über unseren Körper verfügen, befremdet uns heutzutage. Aber dieser Gedanke lohnt einen zweiten Blick.

Spontan würden wir wohl sagen, dass wir Verfügungsgewalt über unseren Körper haben. Jede Krankheit jedoch entlarvt diese Sichtweise der Dinge als trügerisch. Für nicht wenige Menschen ist eine Krankheit aber tatsächlich eine Art Niederlage, die schnellstmöglich behoben werden muss. Auch ein Stoiker ist wohl im Zweifelsfall zum Arzt gegangen, aber er hätte nicht mit sich gehadert. Dass unser Körper von Krankheiten, Unfällen und verbrecherischen Taten anderer Menschen in Mitleidenschaft gezogen und geschädigt werden kann, galt den Stoikern einfach als Faktum.

Die Befreiung von der Priesterschaft

Auch der Buddhismus lehrt, dass alle Begierden überwunden werden müssen, um die wahre Freiheit zu erlangen – allerdings inklusive der Liebe zum eigenen Verstand, an dem die Stoiker so hingen.

Der Buddhismus entstand im 5. Jahrhundert v. Chr. als Gegenbewegung zum Hinduismus. Dieser war ein unglaublich kompliziertes System, in dem es nur die Priester in der Hand hatten, einem Menschen die Erlösung zu verschaffen. Dass Buddha lehrte, jeder Mensch könne sich selbst aus dem

Kreislauf der Wiedergeburten befreien, war ein wirklich revolutionärer Akt. Dafür warf er alle Götter, Riten und Sozialstrukturen der Gesellschaft, in der er lebte, über Bord.

Das eigene Maß

»In Arkadien geboren«, schreibt Arthur Schopenhauer, »sind wir freilich alle: das heißt wir treten in die Welt voll Ansprüche auf Glück und Genuss und hegen die törichte Hoffnung, solche durchzusetzen. In der Regel kommt jedoch das Schicksal, es packt uns unsanft an und belehrt uns, dass nichts unser ist, sondern alles seins, da es ein unbestrittenes Recht hat, nicht nur auf allen unseren Besitz und Erwerb und auf Weib und Kind, sondern sogar auf Arm und Bein, Auge und Ohr, ja auf die Nase mitten im Gesicht.« Aber müssen wir deshalb aller irdischen Dinge und Begierden, allem Besitz, der Liebe zu Weib und Kind und den eigenen Organen tatsächlich so radikal entsagen wie Stoiker oder Buddhisten? Braucht man wirklich die absolute Freiheit? Oder reicht es vielleicht aus, wenn man »genug« Freiheit hat?

Die Frage muss natürlich jeder für sich selbst beantworten. Wer Buddhist ist und glaubt, dass er so lange in allen möglichen trau-

»Herr, gib mir die Gelassenheit, die Dinge zu ertragen, die ich nicht ändern kann. Gib mir den Mut, die Dinge anzupacken, die ich ändern kann. Und gib mir die Weisheit, beides voneinander zu unterscheiden.«

Franz von Assisi (um 1181–1226)

rigen Existenzen wiedergeboren wird, bis er wirklich die absolute Freiheit gefunden hat, sieht die Sache natürlich anders als ein Christ, der überzeugt ist, dass die Dinge letztendlich in Gottes Hand liegen, oder ein Atheist, der sicher ist, dass er nach seinem Tod restlos zu Staub zerfällt.

Auch die Philosophen muss man versuchen, bei allem, was man von ihnen lernen kann, innerhalb ihrer Lebensumstände und Grenzen zu sehen. Epiktet war etwa bis zu seinem 19. Lebensjahr Sklave, der nie die Chance gehabt hatte, anders als im Geiste frei zu sein. Dann hat ihn sein Herr, der seine stoische Haltung bewunderte, freigelassen. Er hat im Endeffekt also tatsächlich durch seine Philosophie die Freiheit erlangt.

Es ist auch nicht ganz falsch, vielen Philosophen eine Art Feigheit in Gefühlsdingen zu unterstellen. Das Thema Liebe beispielsweise sucht man meist vergebens in ihrem Werk. Viele Philosophen haben eine derartige Bindung lieber gemieden. Liebe ist tatsächlich eine Fessel, eine Begierde, ein Trieb. Aber ist sie noch Liebe, wenn man allzu genügsam und vernünftig damit umgeht? Und will man das überhaupt?

Letztendlich entscheidet jeder selbst – und bezahlt den Preis dafür. Der libanesische Poet Khalil Gibran schreibt: »Denn so wie die Liebe dich krönt, kreuzigt sie dich. So wie sie dich wachsen lässt, beschneidet sie dich.« Wer in seiner Angst nur die Ruhe und die Lust der Liebe suche, der solle den Dreschboden der Liebe fliehen »in die Welt ohne Jahreszeiten, wo du lachen wirst, aber nicht dein ganzes Lachen, und weinen, aber nicht all deine Tränen«. Letztlich entscheidet wieder jeder selbst, wie viel Liebe genug für ihn ist und wie viele Tränen er für das erwünschte Glück investiert.

Stellen Sie sich auf den »Prüfstand«

Das eigentliche Problem ist jedoch nicht, dass wir Herz und Tränen für die Liebe und andere elementare Dinge des Lebens opfern, sondern dass wir zu sehr an Dingen hängen, die es nicht wert sind. Wir machen uns Sorgen, wo wir arm sind, weil wir etwas nicht haben, wo wir reich sind, weil wir etwas verlieren könnten, und überhaupt um die Dinge, die uns zustoßen könnten.

Der niederländische Philosoph Baruch Spinoza rät dazu, die Dinge, an denen wir so hängen, einmal in Ruhe im rechten Licht zu betrachten. Leidenschaften, meint er, hören auf Leidenschaften zu sein, wenn man ein klares Bild von ihnen gewinnt. Wer sich zum Beispiel einmal ganz nüchtern und distanziert überlegt, warum er meint, unbedingt ein Auto haben zu müssen, der stellt zwar fest, dass dieses ein sehr nützliches und angenehmes Element in seinem Leben ist, aber er wird nicht mehr in völlige Verzweiflung verfallen, wenn er eines Tages zum Verzicht auf den fahrbaren Untersatz gezwungen ist, sondern Mittel und Wege finden, den Verlust auf vernünftigem Wege möglichst gut zu kompensieren.

Man braucht auch nicht gleich sein Auto abzuschaffen, wenn man feststellt, dass man sich zunehmend abhängig davon fühlt. Vielleicht reicht es ja schon, das Gefährt einmal vier Wochen den herangewachsenen Kindern für eine Urlaubsfahrt zur Verfügung zu stellen und in dieser Zeit festzustellen, dass man doch noch flexibel genug ist, ohne auszukommen, und es tatsächlich ein Gewinn ist, auch wieder mal zu Fuß zu gehen.

Auf diese Weise kann man bei vielen Dingen, von denen man fürchtet, dass sie einen zu beherrschen beginnen, die Notbremse ziehen. Sechs Wochen ohne Alkohol, ohne Schokolade, ohne Fernsehen, ohne Internet. Ein Urlaub ohne Handy und Telefon, sodass der Stellvertreter auf Arbeit auch nicht im Notfall anrufen kann. Einmal ohne Partner oder Familie verreisen, um wieder zu sich selbst zu finden und frische Kraft für die Liebsten zu tanken. Eine Auszeit im Kloster mit möglichst wenigen äußeren

Reizen. Wieder einmal mit Zelt und Fahrrad oder dem Rucksack losziehen wie damals in der Jugend, um sich zu beweisen, dass man es noch kann. Harte körperliche Arbeit für ein gemeinnütziges Projekt anstatt im Wellness-Urlaub zu entspannen. Umgekehrt kann man aber auch bewusst einige Wochen mit Dingen füllen, von denen man merkt, dass man nicht genug davon hat. Vielleicht endlich mal wieder selbst kochen, jeden Tag ein Schubfach entrümpeln, eine bestimmte Zeit für ein Hobby reservieren, mindestens zweimal in der Woche nicht alleine essen oder jeden zweiten Tag einen Freund oder Verwandten anrufen.

Wenn wir, wie Spinoza es empfiehlt, genau hinsehen, dann sind es oft Trivialitäten, die uns aus der Fassung bringen, beunruhigen und geistig binden. Wie wichtig ist es wirklich, den allerbilligsten Handyvertrag zu finden? Lohnt die Zeit, danach zu suchen? Oder: Wie viel Zeit und Unruhe können wir auf den Gedanken verschwenden, ob wir den Herd abgedreht haben? Aber von den zwei vernünftigen Alternativen, entweder zurückfahren und nachschauen oder die Sache vergessen, wählen wir keine.

Eigentlich sollten wir unsere Gedanken, Wünsche und unseren Besitz beherrschen. Stattdessen beherrscht er nur allzu oft uns.

Aufsehen erregende historische Experimente, bei denen Menschen in die Rolle armer Schwarzwaldbauern oder Amerika-Auswanderer schlüpfen, belegen die Sehnsucht in unserer Gesellschaft nach einem einfachen, überschaubaren Leben.

Mehr Zeit für die wichtigen Dinge im Leben

Auch gibt es eine »Simple Life«-Bewegung von Menschen, die sich sehr konsequent auf den Pfad der Genügsamkeit begeben. Bescheidener leben, um weniger abhängig von Erwerbsarbeit zu sein und damit mehr Zeit für die wichtigen Dinge im Leben zu haben, steht dabei im Mittelpunkt.

Doch jeder Mensch empfindet andere Dinge in seinem Leben als Ballast und jeder muss letztendlich seinen Weg finden, wie er sich am besten davon befreit. Es geht um Dinge, Abhängigkeiten, Sorgen und problematische Beziehungen. Manche Probleme brauchen radikale Schnitte, so wie man am besten von gestern auf heute mit dem Rauchen aufhört. Bei anderen ist es besser, sich mit einfachen Maßnahmen »warm zu laufen« und so Kraft für schwierigere Aufgaben zu sammeln. Vielen Menschen hilft es, erst einmal in ihrem Besitzstand radikal Ordnung zu schaffen und auszumisten, um dann mit dem Ballast weiterzumachen, der sich auf psychischer Ebene angesammelt hat.

Man sollte sich vor Übertreibung hüten. Auch Ordnung und Sparsamkeit können zum Bumerang werden und am Ende mehr Freiheit kosten als schenken. Ebenso sind unüberlegte Radikalkuren in Sachen Beziehung nicht unbedingt der Weg zum Glück.

Zweifellos werden die Zeiten härter. Wer freiwillig verzichten kann, ist dafür besser gewappnet als der, der erst durch die Umstände gezwungen wird. Zwang deprimiert und lässt den Verlust fühlen, freiwilliges Maßhalten kann neue Lebenskräfte freisetzen. »Unersättlich ist nicht der Bauch«, meint Epikur, »sondern die trügerische Meinung vom unbegrenzten Fassungsvermögen des Bauches.«

Für den Alltag

Behalten Sie bei allem, was Sie tun, Ihr Lebensziel im Blick!

Arbeiten Sie daran, den Grund für Ihre Sorgen zu beseitigen. Wenn das nicht geht, dann bemühen Sie sich aufzuhören, sich Sorgen zu machen. Manchmal steht man sich selbst mehr im Weg als äußere Hindernisse das tun. In diesem Fall ist Umdenken gefragt. Machen Sie sich immer klar, dass es nichts nützt, wenn Sie sich Sorgen über Dinge machen, die Sie ohnehin nicht ändern können. Auch Sorgen, die Dinge betreffen, die in der Zukunft passieren könnten, sind sinnlos. Es kommt ja doch oft anders als man denkt und alle Eventualitäten lassen sich sowieso nicht planen.

Befreien Sie sich so weit wie möglich von Abhängigkeiten! Dort aber, wo Sie sich entschließen, Abhängigkeiten zu akzeptieren, klagen Sie nicht, sondern akzeptieren Sie den Preis.

Natürlich ist das nicht leicht. Wir sind nicht mit einem Anrecht auf Arkadien geboren. Aber wir können daran arbeiten, es uns zu erwerben.

DAS LEBEN ENTRÜMPELN UND KLARHEIT GEWINNEN

»Weniger ist mehr.«

Ludwig Mies van der Rohe (1886–1969)

Es gibt eine Geschichte von einem asiatischen Kunsthändler, zu dem ein europäischer Kunde kommt und ihn bittet: »Zeigen Sie mir die schönste Kalligrafie, die Sie haben.« Der Kunsthändler tut es und der Kunde sieht sich das Bild eine Weile an. Dann sagt er: »Wirklich wunderbar! Aber würden Sie mir nun bitte noch ein paar andere zeigen?« Der Asiate ist fassungslos.

Die Philosophie der Kunst ist die Ästhetik. Im Gegensatz zu dem, was wir im Alltag landläufig unter »ästhetisch« verstehen, bedeutet das Wort jedoch nicht schön, sondern es bezeichnet Dinge, die beim Betrachten unsere Sinne bewegen. Es gibt also durchaus eine Ästhetik des Hässlichen. Nur das, was keinen Eindruck mehr hinterlässt, ist keine Kunst. Arthur Schopenhauer meinte, Kunst offenbare das Wesen der Dinge. Es sei eine Form der Erkenntnis, die allerdings nicht über den Verstand, sondern über das Gefühl gesteuert werde.

Um wirken zu können, braucht ein Kunstwerk aber auch die richtige Umgebung. Manche Fürsten haben ihre Gemäldesammlungen dicht an dicht in enge Flure und Galerien gehängt. In einer solchen Umgebung würde vermutlich auch die Mona Lisa untergehen. Der Bauhaus-Stil mit seinem Leitspruch »Weniger ist mehr« wandte sich mit seinen einfachen, klaren Formen gegen den Historismus des 19. Jahrhunderts, der den Gebäuden beispielsweise beliebig jedes Dekor von pseudomittelalterlich bis neobarock anklebte, bis es völlig überladen war.

Sinnliche Einfachheit

Auch wenn wir vielleicht nicht so genügsam wie der asiatische Kunsthändler sind und uns mehr als ein Meisterwerk auf einmal ansehen können, haben wir vermutlich alle schon erlebt, dass eine Ausstellung oder ein Museum uns völlig überfrachtet erschien. Irgendwann kann man einfach nichts mehr aufnehmen. Die Sinne sind gesättigt, und zwar umso schneller und gründlicher, je eindrucksvoller das Gesehene war. Glaubt man, »alles« anschauen zu müssen, verwischen die Eindrücke.

Mit unserem Leben ist es oft nicht anders. Es ist überfrachtet mit Bildern und Gefühlen. Wir nehmen durchaus wahr, dass manches besonders schön und gut ist, aber unser Gefühl ist schon so gesättigt, dass wir das einzelne Ereignis nicht mehr so würdigen können, wie es ihm eigentlich gebührt. Denn wir können all das Belanglose, was an Bildern, Geräuschen, Informationen und Ereignissen auf uns einrieselt, nicht so ignorieren, wie wir gerne würden. Es ist da und es nimmt, ob wir es wollen oder nicht, etwas von unseren kostbaren geistigen Kräften gefangen.

Der griechische Schriftsteller Plutarch fragte deshalb: »Ist es denn so schwer, unterwegs nicht jede Grabinschrift zu lesen oder auf Spaziergängen an den Mauerkritzeleien vorbeizulaufen? – Man braucht sich bloß bewusst zu machen, dass da ja doch nichts Gescheites oder Nettes geschrieben steht, sondern etwa: ›Zum Andenken‹ (von Herrn Soundso an Herrn Soundso) oder ›Wohl bekomm's!‹ und ›Ich hatt einen Kameraden‹ und ein Haufen solcher Banalitäten. Wenn man so etwas liest, schadet das anscheinend nichts; was aber unvermerkt doch schadet, ist das mit dem Lesen sich einschleichende Interesse für Dinge, die nicht der Rede wert sind.«

Die Seele des Glaukos

Platon vergleicht die menschliche Seele in seinem Hauptwerk *Der Staat* mit dem Meergott Glaukos. Der Körper dieses Gottes, so glaubten die Griechen, ist vom Meer so verunstaltet, dass er kaum noch zu erkennen ist. Teile davon sind von den Wellen zermalmt und herausgebrochen, andere mit Muscheln und Seegras bewachsen. Genauso abgerieben, zerbrochen, belastet und verunstaltet aber wäre die menschliche Seele durch die unzähligen Übel, die ihr in der Welt widerfahren.

»Das Einzige, was uns in unserem Elend tröstet, ist die Zerstreuung, und dabei ist sie die Spitze unseres Elends; denn sie ist es, die uns grundsätzlich hindert, über uns selbst nachzudenken, die uns unmerklich verkommen lässt. Sonst würden wir uns langweilen, und diese Langeweile würde uns antreiben, ein besseres Mittel zu suchen, um sie zu überwinden. Die Zerstreuungen aber vergnügen uns und geleiten uns unmerklich bis zum Tode.«

Immanuel Kant (1724–1804)

Der Gießener Soziologe Reimer Gronemeyer hält es für ein zentrales Problem unserer Gesellschaft, dass wir in einem Brei von Empfindungen und Eindrücken leben, dem wir kaum entgehen können. In welcher Bahnhofshalle, fragt er beispielsweise, könne man noch die »Erotik des Aufbruchs und Unterwegsseins« verspüren. Stattdessen würde man mit einer Geräuschkulisse aus Musik und Lärm überzogen. Dazu die Berieselung von riesigen Videoleinwänden und die gleiche Werbung, die es überall gibt. In manchen größeren Bahnhöfen ist es tatsächlich manchmal schwer, zwischen der Menge der Einkaufsmöglichkeiten die Gleise zu finden.

Fast überall werden wir im Alltag von oft aufdringlichen, wenn nicht sogar indiskreten Werbebotschaften belästigt. Sie konfrontieren uns mit Erotik, die viele Menschen persönlich vielleicht ganz und gar nicht erotisch finden, oder etwa beim Grübeln über Arbeitsprobleme mit der Frage: »Endlich ausspannen?«

Auch die Musikbeschallung in Kaufhäusern und Geschäften passt in den seltensten Fällen zu unseren Gefühlen, hindert uns am Denken und stört die eigenen Empfindungen. Es gibt Menschen, die dieser ganze Werbemüll so nervt, dass sie sich die Mühe machen, jedes einzelne gekaufte Lebensmittel in neutrale Gefäße umzufüllen.

Es ist kein Wunder, dass in diesem ganzen Brei minimalistische und asketische Ansätze, beispielsweise japanisches Design, in Mode kommen und wohltuend wirken. Doch selbstverständlich bleibt nichts der Werbeindustrie verborgen. Japanisches Dekor wird Mode bis zum Überdruss. In chemischen Labors gemischte Parfüms heißen plötzlich »Cool Water« und werden beworben, als würden die Flaschen an einem reinen Bergquell abgefüllt, und in vielen Fernsehwerbespots wird das Erlebnis der unberührten Natur gefeiert, wobei man aber die richtige Zigarettenmarke oder den passenden Müsliriegel dabeihaben sollte. Das funktioniert aber nur so lange, bis »Pures« wieder abgedroschen ist und ein neuer Trend entdeckt wird.

Sehnsucht nach Wirklichkeit

Die Werbeindustrie hat längst erkannt, dass viele Menschen, vor allem die finanzkräftigeren, nicht mehr vom großen Überfluss und Luxus träumen, sondern lieber etwas erleben wollen. Also werden »Erlebnisse verkauft«. Dabei ist nichts davor sicher, werbetechnisch missbraucht zu werden. Mit »Glaube, Liebe, Hoffnung« werden Zigaretten verkauft und mit den »Sieben Todsünden« Eiscreme.

In der Werbung werden Gefühle erzeugt, die vorgaukeln, es hätte nie mehr Wohlstand, Freiheit, Spaß und Abwechslung gegeben als in der heutigen Zeit. Gleichzeitig fühlt sich der Einzelne heutzutage oft verunsichert. Beziehungen und Arbeitsverhältnisse sind immer weniger haltbar. Gronemeyer meint, so wie die Möbel immer leichter geworden und auf steten Umzug ausgelegt seien, so würden auch die menschlichen Charaktere immer flexibler und anpassungsfähiger, aber weniger beständig.

Wirkliche Erlebnisse werden selten. Wir agieren in Räumen, die andere gestaltet haben. Wir spielen Computerspiele nach den Regeln der Erfinder, lassen Filme und Fernsehsendungen auf uns wirken und bewegen uns auch im Internet immer im Rahmen des Mediums. Ein treffendes Wort dafür ist »Bespaßung«. Auch wenn all die Erlebnisse, die für uns inszeniert werden, noch so viel Spaß machen, stehen sie doch dem eigenen Erleben im Weg.

Die Sehnsucht in der Arena

Mit alledem stehen wir nicht alleine da. Was Seneca aus der römischen Kaiserzeit erzählt, könnte genauso für unsere Zeit gelten: »Bisweilen versuchen wir, uns durch den Besuch von öffentlichen Spielen und Gladiatorenkämpfen abzulenken, doch mitten in einer abwechslungsreichen Vorstellung überkommt uns dann so eine Anwandlung unserer Sehnsucht.« Doch anstatt uns dem Schmerz zu stellen und zu versuchen, ihn zu bezwingen, sagt er, überlisten wir ihn durch Vergnügen und betäuben ihn mit Beschäftigungen. Der Schmerz aber bekäme dadurch nur die Chance, neue Kraft zu sammeln.

Der Vereinnahmung unserer Wünsche und Sehnsüchte können wir scheinbar nicht entkommen. Die Suche nach dem Besonderen, Originellen, nur uns Gehörigen scheint nur dafür zu sorgen, dass sich die Spirale immer schneller dreht. Alles, was einmal besonders war, ist längst Massenware, jeder Trend ausgeschlachtet worden und nahezu jedes »unberührte« Urlaubsparadies vom Tourismus übernommen.

Auch das können wir schon bei Seneca nachschlagen. »Bald ist man das Schlemmerleben satt, dann heißt's: Urwüchsige Natur wollen wir sehen, die Bergwälder Bruttiens und Lukaniens durchwandern!« Und sein Kollege Lukrez, der gut 100 Jahre früher lebte, meinte: »So sucht jeder die Flucht vor sich selbst. Aber was hilft es, wenn die Flucht misslingt? Man bleibt sich zwar ständig auf der Spur, ist sich aber selbst der lästigste Begleiter.«

Der portugiesische Schriftsteller Fernando Pessoa sah nur einen Ausweg: »Man sollte die Existenz eintönig gestalten, damit sie nicht eintönig werde. Den Alltag unschädlich machen, damit auch die kleinste Einzelheit eine Zerstreuung mit sich bringe.«

Es scheint tatsächlich, dass wir genügsamer werden müssen, um wenigstens unsere wichtigsten Wünsche zu erfüllen. Wer beispielsweise im Urlaub Ruhe und Einsamkeit sucht, der tut nicht gut daran, nach einem Ort zu suchen, wo er auch noch atemberaubende Natur und bestes Wetter dazu geliefert bekommt. Wer dagegen auf die Nebensaison oder unspektakuläre Regionen ausweicht, der hat gute Chancen, die gewünschte Entspannung zu finden. Wir müssen lernen, Abstriche in der Sache zu machen und trotzdem nicht unzufriedener zu werden.

Das Ziel finden

Leben sollte teleologisch sein, das heißt immer auf ein Ziel ausgerichtet. Nichts ist Selbstzweck, sondern letztlich geht es immer um die Frage: »Wozu dient das Ganze eigentlich?«

Da wir nun mal nicht alles haben können, ist es umso wichtiger, das Richtige zu finden. Da es nicht möglich ist, in der Hochsaison am Nordkap zu stehen und völlig für sich allein zu sein,

»Wenn der Schuh passt, vergisst man den Fuß, wenn der Gürtel passt, vergisst man den Bauch, wenn das Herz stimmt, vergisst man Für und Wider.«

Tschuang-Tse (um 365–290 v. Chr.)

muss man sich entscheiden, worauf es einem ankommt: auf das Nordkap, die Hochsaison oder die Einsamkeit.

Doch die Philosophen bestehen darauf, dass man sich diese Frage nicht nur in konkreten Situationen beantworten muss, sondern auch auf das ganze Leben bezogen. »Wozu dient das Ganze eigentlich? Was will ich wirklich?«

Die Antwort wäre bei den meisten von uns wahrscheinlich »Glücklich sein«. »Das Glück geben sowohl die gewöhnlichen Leute an als auch die Gebildeten«, schreibt Aristoteles, »wobei gutes Leben und gutes Handeln mit dem Glücklichsein gleichgesetzt werden. Aber was das Wesen des Glücks ist, darüber ist man unsicher, und die Antwort der Menge lautet anders als die der Philosophen. Die Menge stellt sich etwas Offenkundiges und Augenfälliges darunter vor, beispielsweise Lust, Reichtum oder Ehre.«

Was aber ist Glück wirklich? Und was ist es im eigenen Leben? Für die Stoiker bedeutete es, sich durch absolut nichts, weder durch Lust oder Unlust, durch Angst oder Schmerzen, daran hindern zulassen, der eigenen Vernunft und Moral zu folgen. Für Hindus und Buddhisten ist es die Erleuchtung. Für die christlichen, aber auch arabischen Philosophen des Mittelalters die Gewissheit auf die Gemeinschaft mit Gott. Epikur, der zwar an Götter glaubte, nicht aber an ein Weiterleben der Menschen nach dem Tode, fand, es wäre das höchste Glück, einen seelischen Zustand zu erreichen, den er als »Meeresstille« beschrieb. Platon meinte, das eigentliche Ziel wäre, alle entstellenden und irrationalen Anteile der Glaukos-Seele aufzulösen und zu transformieren, bis man eine innere Einheit und Klarheit erlangt hätte.

Bis zum Kern

Geld, Anerkennung, Gesundheit, Kinder: All das sind im philosophischen Sinn noch keine befriedigenden Antworten. Wozu will ich das Geld wirklich? Wozu dient mir die Anerkennung? Was ist so wichtig an der Gesundheit? Welches Bedürfnis erfüllen Kinder? Die Philosophie will bis zum Kern der Sache vordringen: Was ist mir das wirklich Wichtigste im Leben? Die Gewissheit, andere glücklich gemacht zu haben? Die Verwirklichung der Kräfte, die ich in mir spüre? Ein Leben gemäß meiner Ideale und Überzeugungen?

Wer sein Leben wirklich genießen wolle, schreibt Thomas von Aquin, müsse einen Endzweck haben. Rechter Genuss sei alles, was diesem Endzweck diene, falscher, was von ihm hinwegführe. Der Däne Sören Kierkegaard unterstellt denen, die nicht nach diesem Endzweck suchen, eine bloß ästhetische oder Scheinexistenz. Sie leben ohne eigene Wahl unreflektiert und spießbürgerlich dahin, suchen den schnellen, flüchtigen Genuss in den Dingen, die ihnen begegnen, und werden, wie Kierkegaard meint, von einer ständigen, unterschwelligen Verzweiflung begleitet, die sich immer wieder Bahn bricht. Ihre Seele wird wie die Gestalt des Glaukos mit immer mehr Fremdkörpern und Narben entstellt. Dem stellt Kierkegaard die ethische oder gewählte Existenz entgegen. Erst durch die ernsthafte, bewusste Wahl, meint er, werde der Mensch er selbst.

Karl Jaspers unterschied zwischen dem eigentlichen und dem nicht-eigentlichen Leben. »Uneigentlich« sei das unreflektierte, triebhafte Leben, »eigentlich« die bewusste, vernünftige, gewählte Selbstverwirklichung. Jean-Paul Sartre nannte die triebgesteuerte Existenz »An-sich-Sein«, die bewusst gewählte »Für-sich-Sein.« Er sieht kritische Distanz zu sich selbst als ein entscheidendes Merkmal der gewählten Existenz. Der nur »An-sich-Seiende« dagegen werde vor allem von dem Bedürfnis getrieben, immer mit sich im Reinen zu sein. Also erkläre er jeden, der ihn störe, instinktiv zum Feind, jede eigene Handlung für richtig und gut, jede mögliche Veränderung zur Bedrohung, jedes Vorurteil zur Wahrheit. Alles, was diese Sicht stört, wird ausgeblendet oder verteufelt. Den Antisemitismus zum Beispiel erklärt Sartre so, dass sich die an-sich-seienden Menschen mit der Verteufelung einer anderen Rasse das Bedürfnis erfüllt hätten, sich als Elite fühlen zu können, ohne dafür irgendetwas geleistet haben zu müssen. Schaut man sich die Struktur der Nazis 1933 an, dann stellt man auch fest, dass es eigentlich fast durchweg »Gescheiterte« waren, denen es nicht gelungen war, auf anderem Weg als durch Gewalt irgendetwas zu leisten.

Für die antiken Philosophen war jeder, der sein Leben bewusst wählt und sein Ziel kennt, ein Philosoph, der Rest »Masse«. Kierkegaard meint sogar, es käme vor allem auf die Wahl an, nicht primär, ob man das Richtige oder das Falsche wählt. Wer wählt und sich dann weiterhin ernsthaft mit seinem Leben auseinander setzt, der werde irgendwann auch das richtige Ziel finden.

Grenzen sind wichtig

Schon das älteste Epos der Welt handelt von dieser Zielsuche. Der mesopotamische Held Gilgamesch ist eigentlich einer, der kein Maß kennt. Schließlich will er sogar noch die Unsterblichkeit erlangen. Er macht sich auf die Suche und will niemandem glauben, dass die Unsterblichkeit für Menschen nicht erreichbar sei. Erst als er seine eigenen Grenzen erfahren hat, erkennt er seinen Fehler und setzt nun alles daran, als weiser, gerechter Herrscher zumindest unsterblichen Nachruhm zu erlangen.

Kierkegaard meint: »Wenn die Wahl nur erst gesetzt ist, kehrt alles Ästhetische wieder, und du wirst sehen, dass damit erst das Dasein schön wird und es einem Menschen erst auf diesem Wege gelingen kann, seine Seele zu retten und die ganze Welt zu gewinnen, die Welt zu gebrauchen, ohne sie zu missbrauchen.«

Der wilde Philosoph

Schaut man das Leben des Schweizer Philosophen Jean-Jacques Rousseau an, entdeckt man wenig, was maßvoll und vernünftig erscheint. Stets auf der Flucht, oft pleite, meist unglücklich verliebt, glich es eher einem Drahtseilakt. Im Gegensatz zu den Stoikern, die jedes lebhaftere Gefühl für gefährlich hielten und überwinden wollten, hat Rousseau nie eines unterdrückt, sondern alle ausgelebt. Doch am Ende hat er immer an einem festgehalten: an seiner Philosophie. Notfalls hat er immer alles andere aufgegeben, um weiter denken und schreiben zu können. Und er ist dabei stets ehrlich geblieben. Es gab wenige Philosophen, die ihr Leben und ihr Werk so selbstkritisch unter die Lupe nahmen und Fehler zugaben wie er.

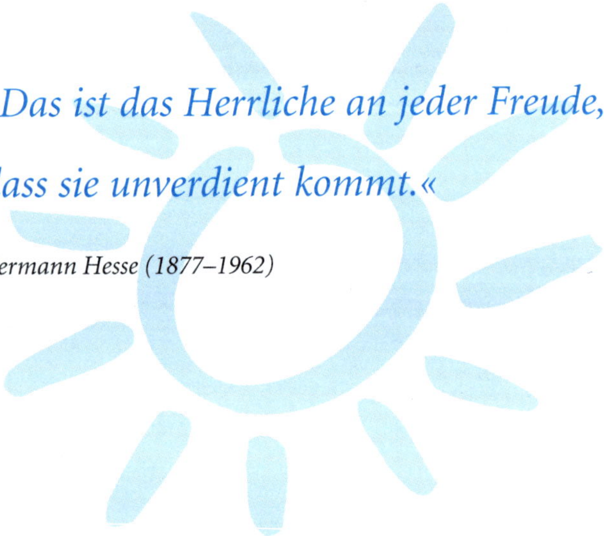

»Das ist das Herrliche an jeder Freude, dass sie unverdient kommt.«

Hermann Hesse (1877–1962)

Dem Leben eine Chance geben

Im Mittelalter glaubte man an die Macht des Schicksals. Wer gerade noch vom Rad der Fortuna in die Höhe gehoben worden war, der lag im nächsten Augenblick schon wieder ganz unten. Heute scheint es kein Schicksal mehr zu geben.

Wir leben in einer Zeit, die uns mit markigen Sprüchen wie »Geht nicht, gibt's nicht« füttert. Wenn aber angeblich alles immer geht, dann muss es auch immer einen Schuldigen geben, wenn etwas nicht klappt. Unfälle gibt es praktisch nicht mehr. Wo früher Verständnis herrschte, dass ein Betreuer nicht alles sehen kann, was sich in einer größeren Kindergruppe tut, steht man heute mit einem Bein im Knast, wenn man mit mehr als den eigenen Kindern etwas unternimmt. Kaum jemand traut sich mehr, zu helfen oder Verantwortung zu übernehmen, weil er ja zur Rechenschaft gezogen werden könnte, wenn er dabei etwas falsch macht. Die viel beklagte Bürokratie wuchert immer weiter. Aber ein Abbau ist nicht möglich, weil das Bedürfnis herrscht, dass jede Eventualität ganz genau geregelt ist.

Im Grunde weiß jeder, dass es sich hierbei um eine Scheinsicherheit handelt, aber je unsicherer wir uns fühlen, desto mehr klammern wir uns daran.

»Geht nicht, gibt's nicht« verführt uns aber auch dazu, uns unentwegt an den gleichen Herausforderungen abzurackern, anstatt nach Alternativwegen zum Glück zu suchen. In unserer Zeit, die Flexibilität angeblich so nötig hat, wird uns in Wahrheit oft eher eine Mischung aus Eingleisigkeit und Unsicherheit eingepaukt.

Obwohl eigentlich hinreichend bekannt ist, dass Verbissenheit und Frust nicht gerade attraktiv machen, schleppen sich unzählige Singles mit wachsender Verzweiflung von Kontakttreff zu Kontakttreff – oft genug mit der deutlichen Aussage im Gesicht: »Ich mag mich nicht, aber du sollst es tun!« Dabei gibt es nichts, was attraktiver wäre, als Leute, die mit sich im Reinen sind – auch ohne Partner.

Das Scheitern des Buddha

Zur Kunst der Genügsamkeit gehört auch, nicht zu glauben, dass man alles alleine erreichen kann. Buddha soll sechs Jahre lang vergeblich versucht haben, durch härteste Askese die Erleuchtung zu erzwingen. Erst als er einsah, dass er damit auf dem Holzweg war, und er auch dieses Verlangen aufgab, wurde ihm das Gewünschte geschenkt.

Eines der Schlüsselworte des Buddhismus ist Achtsamkeit auch auf die kleinsten Dinge. Die Meditationen im Zen-Buddhismus sollen eine geschärfte Aufmerksamkeit erzeugen. Diese wird als Gefühl der Zeitlosigkeit und des absoluten Friedens beschrieben.

In einer überladenen Welt aber fuktioniert das nicht. Wer da allem Beachtung schenken wollte, der wäre bald heillos überfordert. Je mehr Freiräume man sich schafft, desto eher kann man die Dinge, die man hat und denen man begegnet, würdigen. Jeder weiß, wie schwer es ist, jemandem etwas zu schenken, der schon alles hat. Wenn wir bis über die Ohren eingedeckt mit allen möglichen Dingen und Unternehmungen sind, dann hat es auch das Schicksal schwer, uns etwas zu schenken.

Genauso wenig wie das Glück sind auch menschliche Beziehungen planbar. Die Momente, wo die Familie oder die Freunde einen brauchen, stimmen nicht immer mit den Lücken im Terminkalender überein.

Bei den Griechen hatte Kronos, der Gott der Zeit, einen Enkel: Kairos, den Gott des richtigen Augenblicks. Der Bildhauer Lysippos stellte ihn als Jüngling mit einer dichten Stirnlocke dar. Kairos gilt es beim Schopf zu packen, wenn sich die Gelegenheit bietet. Aber dafür braucht man erstens die Muße, ihn zu bemerken, und zweitens auch noch eine Hand frei, schnell zuzupacken.

»Nimm dir Zeit zum Arbeiten –
Arbeiten ist der Preis des Erfolges.
Nimm dir Zeit zum Denken –
Denken ist der Schlüssel der Macht.
Nimm dir Zeit zum Spielen –
Spielen ist das Geheimnis ewiger Jugend.
Nimm dir Zeit zum Lesen –
Lesen ist die Grundlage der Weisheit.
Nimm dir Zeit zum Freundlichsein –
Freundlichkeit ist der Weg zum Glück.
Nimm dir Zeit zum Träumen –
ein Traum spannt einen Stern vor dein Gefährt.
Nimm dir Zeit, zu lieben und geliebt zu werden –
Liebe ist das Privileg der Götter.
Nimm dir Zeit, dich umzusehen –
für Selbstsucht ist der Tag zu kurz.
Nimm dir Zeit zum Lachen –
Lachen ist die Musik der Seele.«

Irische Volksweisheit

Kostbare Zeit

»Bisher wurde sie dir doch offen oder heimlich gestohlen«, ermahnte Seneca seinen Freund Lucilius zum rechten Umgang mit der Zeit, »oder sie entglitt dir ganz unmerklich. Sei überzeugt, es ist schon so, wie ich schreibe: Ein Teil unserer Zeit wird uns entrissen, ein anderer unbemerkt entzogen, ein dritter wieder zerrinnt uns. Am schimpflichsten aber ist wohl der Verlust aus Nachlässigkeit. Betrachte es einmal genauer; der größte Teil unseres Lebens geht dahin mit unwürdigem Tun, ein großer mit Nichtstun, das ganze Leben mit belangloser Beschäftigung.«

Die meisten Menschen bezeichnen Zeit als wertvoller denn Geld. Doch dann setzen die Gewerkschaften im Namen ihrer Mitglieder doch wieder Lohnerhöhungen und nicht Arbeitszeitverkürzung durch.

Oft genug wissen wir mit der Zeit, die wir haben, nichts Rechtes anzufangen. Ein Problem ist, dass uns oft die Energie fehlt, in der Freizeit etwas zu beginnen.

Der amerikanische Psychologe Mihaly Csikszentmihalyi hat in Untersuchungen herausgefunden, dass für viele Menschen die Gestaltung der Freizeit tatsächlich schwieriger ist als die der Arbeit. Csikszentmihalyi beschäftigte sich mit den Glücksmomenten, in denen ein Mensch vollkommen in dem, was er tut, aufgeht. Zu seiner Verblüffung musste er feststellen, dass es diese Momente, die er »Flow-Erlebnis« nennt, bei der Arbeit häufiger als in der Freizeit gibt. Es scheint, als würde das riesige Angebot an Möglichkeiten, das wir in unserer Freizeit haben, uns so überfordern, dass wir Probleme haben, uns an etwas zu freuen. Die meisten »Freizeit-Flows« hat Csikszentmihalyi bei den Menschen gefunden, die in einem Hobby oder einer Aufgabe Halt finden. Wer alles will, der verhungert oft wie der entscheidungsschwache Esel zwischen den zwei Heubüscheln. Wer sich beschränkt, wird meist glücklicher.

Wir müssen also unsere Zeit möglichst von allem Überflüssigen entrümpeln. So kann beispielswiese Ordnung Zeit und Energie sparen. Tückisch sind Dinge, die man vor sich her schiebt. Die geistige Energie, die man so verbraucht, ist eine überflüssige Belastung.

In manchen Fällen kann es allerdings auch ein Weg zur Entrümpelung der Zeit sein, weniger ordentlich zu sein. Die meisten wirklich perfekten Hausfrauen können auch einmal fünf gerade sein lassen. Diejenigen, denen der Haushalt lästig ist, erfinden oft unnötige Prioritäten, die sie dazwischenschieben, und brauchen so mehr Zeit.

Für den Alltag

Was man hüten sollte wie einen Schatz, sind die kleinen Tricks, mit denen man im Bedarfsfall große Kräfte freisetzen kann. Es gibt Menschen, die fühlen sich nach einer Tasse Tee wie neugeboren. Andere brauchen fünf Minuten Schlaf, sich zu erholen, andere ein kurzes autogenes Training, einen Sandsack, gegen den sie mal kräftig boxen können, oder einen kurzen Spaziergang. Auch in Beziehungen reichen manchmal Mini-Gesten, um Situationen zu managen. Wer todmüde heimkommt und noch »Bitte« sagen kann, erreicht unendlich viel mehr als derjenige, der erwartet, mit einem Hellseher verheiratet zu sein. In stressigen Situationen können ein paar Sekunden reichen, um dem Partner für sein Verständnis zu danken, und doch machen sie den Unterschied zur totalen Ignoranz aus, die heftige Krisen heraufbeschwören kann. Doch es ist noch ein zweiter Schritt notwendig: All die gewonnene Zeit nutzt nichts, wenn man nichts damit anzufangen weiß. Wenigstens einen Teil davon sollte man für eine Aufgabe oder Beschäftigung nutzen, die Glück und Zufriedenheit verspricht. Wer sein Ziel kennt, der wird auch hier leichter das Richtige finden.

BESSER LEBEN MIT SELBST-BEHERRSCHUNG

»Durch Mäßigung regiert der Mensch sich selbst.«

Wilhelm von Conches (12. Jahrhundert)

Die Tugend der Selbstbeherrschung ist nicht gerade in Mode. Eher scheint sie wie ein Relikt aus vergangener Zeit. Der preußische Beamte war – dem Klischee nach – so: immer pünktlich, immer fleißig, immer korrekt und beherrscht. Kreativität war dafür Fehlanzeige und Gefühle wurden sorgsam verborgen. Heute dagegen ist das Bunte, das Kreative, Impulsive und Authentische gefragt. Zumindest in der Theorie. Die Praxis sieht auch heute oft anders aus. Während jeder psychologische Berater fordert »Stehen Sie zu Ihren Gefühlen!«, müssen sich viele Menschen am Arbeitsplatz bis zu den Grenzen des Erträglichen verbiegen. »Das muss ich doch«, denken sie, weil sich ihre Vorgesetzten »Bilderbuch-Mitarbeiter« vorstellen und die kleinste individuelle Regung misstrauisch beobachten. Das positive Image, das Authentizität und Gefühle in der Öffentlichkeit haben, lässt diese Menschen ihre eigene Situation nur noch unbefriedigender empfinden.

Andere dagegen nehmen die Aufforderung »Sei du selbst!« wörtlich. »Ich bin eben so!«, lassen sie ihre Umwelt wissen. »Ich bin ein impulsiver Mensch. Soll ich mich verbiegen?«, »Ich bin eben nicht einfach«, blockt die zickige Freundin jede Kritik ab. »Was kann ich dafür, dass du mich so wütend gemacht hast?«, wird die Entgleisung gegenüber dem Ehepartner entschuldigt.

Die Philosophen aller Zeiten hätten für eine solche Haltung wenig Verständnis übrig gehabt. Noch irritierter wären sie wohl gewesen, wenn ihnen jemand erzählt hätte, es wäre Selbstverwirklichung, seinen Impulsen nachzugeben und nur das zu tun, was man gerade möchte. Die meisten Philosophen würden solch eine Haltung vielleicht mit jemandem vergleichen, der Schweinsbraten und Kartoffeln roh serviert, weil es ihm zu aufwändig ist, sie zuzubereiten: eine barbarische Verschwendung eines kostbaren Gutes.

Die Denker aller Zeiten hatten nichts gegen Selbstverwirklichung. Im Gegenteil! Auch wenn sie das Wort kaum einmal benutzen, ist Selbstverwirklichung ein Hauptziel der Philosophie. Wir erinnern uns: Es geht darum, aus seinem Leben ein Kunstwerk zu machen. Dies ist wahre Selbstverwirklichung. Unsere spontanen Wünsche und Affekte jedoch sind höchstens das Material, aus dem etwas geformt werden soll.

Viele Menschen haben das Gefühl, sich zu unterdrücken, wenn sie einem Affekt Zügel anlegen. Die Philosophen sehen das genau umgekehrt. Bei einem solchen Menschen tanzen ihrer Meinung nach die niederen Triebe den edlen Anteilen der Seele auf der Nase herum. Ziel jedoch ist, dass das »wahre Ich« jederzeit der Boss im Universum »Persönlichkeit« bleibt.

Die vier Kardinaltugenden

Platon erhob vier Charakterzüge zu den Kardinal- oder Haupttugenden, die für ihn die Grundlage eines guten Charakters bildeten. Mäßigung (Sophrosyne) war eine davon, die anderen drei Klugheit, Tapferkeit und Gerechtigkeit.

Durch Selbstbeherrschung, so Thomas von Aquin, erhebe man sich über seine Tiernatur – salopp gesagt über den »inneren Schweinehund«.

Aristoteles spricht von einer angemessenen »Affektpflege«. So wie ein guter Chef für die Harmonie in seinem Team sorgt, so sollen auch wir unser Inneres managen.

Plutarch vergleicht unsere Affekte mit Pferden. Genauso wie Pferde, die man vor einen Wagen spannt, müsse man die Affekte zähmen und die Zügel stets in der Hand behalten, ohne den Gefühlen ihre natürlichen, kraftvollen Bewegungen zu nehmen. Denn wenn die Leidenschaften lustlos seien, müsse sie der Lenker wie ein träges Pferd antreiben. Affekte auszumerzen ist für Plutarch gleichbedeutend damit, Pferden die Sehnen herauszuschneiden, sodass sie gar nicht mehr laufen können. Wer die Affekte wegen ihres Übermaßes abschaffen wolle, wäre wie einer, der das Singen wegen der falschen Töne verbieten wolle.

»Verderblich ist, was deinen Geist befreit und nicht zu gleicher Frist Selbstherrschaft dir verleiht.«

Friedrich Rückert (1788–1866)

Der weise Kutscher

Plutarchs Pferdebeispiel zeigt sehr schön, wie der Spagat zwischen authentischem Verhalten und einem Unterdrücken der Gefühle gelingen kann. Kein Pferd verliert an Wert, wenn es gezähmt wird. Im Gegenteil! Die Zähmung bedeutet auch nicht, dass es nie wieder frei sein kann. Aber eben nicht auf der Hauptstraße und mit einem Wagen voller Insassen im Schlepptau.

Selbstbeherrschung ist der Mittelweg zwischen einem Herunterschlucken der Gefühle und dem unbeherrschten Ausleben. Wer selbstbeherrscht ist, verleugnet sich nicht, aber lässt sich auch nicht von seinen Gefühlen regieren. Man braucht nicht hemmungslos ehrlich, nervtötend mitteilsam oder ungezügelt temperamentvoll sein, um seinem Charakter treu zu bleiben.

Wir werden auch selten nur von einem Gefühl gezogen, sondern sind oft eher achtspännig unterwegs. Jeder Kutscher jedoch weiß, dass ein verrückter Gaul das ganze Gespann durcheinander bringen kann. Nicht viel anders ist es im Grunde, wenn einem die Selbstbeherrschung abhanden kommt. Was sich da als unser »authentisches Gefühl« aufspielt, ist meist nur einer von mehreren Affekten, der aber die ganze Person mit sich reißt. Der »innere Schweinehund« gehört jedoch nicht zum Rudelführer

»Man kann nur objektiv sein und sich seiner Vernunft bedienen, wenn man demütig geworden ist und seine Kindheitsträume von Allwissenheit und Allmacht überwunden hat.«

Erich Fromm (1900–1980)

gemacht, sondern an die Kette gelegt, damit sich die positiveren Seiten unserer Persönlichkeit Geltung verschaffen können.

Das Gleiche gilt natürlich auch für die »stillen« Eigenschaften. Auch seine Schüchternheit, seine Harmoniebedürftigkeit oder seine Ängste sollte man beherrschen können. Man braucht seine Hemmungen nicht gleich »überwinden«. Oft reicht es schon, sie ein wenig an den Zügel zu nehmen und zu »mäßigen«.

Wie aber ein überladenes Buffet verlockender ist als eine einfache Mahlzeit, so ist auch Genügsamkeit in Gefühlsdingen erst einmal nicht besonders verführerisch. Ein Wildpferd, das über die freie Steppe dahinjagt, ist ein beeindruckenderer Anblick als jedes noch so rassige Kutschpferd. Aber wir leben nun einmal nicht allein in freier Wildbahn.

Unser Problem ist, dass unsere Instinkte aber teilweise noch aus der freien Wildbahn stammen. Die Menschheit ist ungefähr sieben Millionen Jahre alt und an unserem Hormonsystem hat sich seit damals nicht viel geändert, an unseren Lebensumständen so ziemlich alles. Deshalb ist heute Coolness gefragt. Coolness ist emotionale Mäßigung. Wirklich cool ist der, der in entscheidenden Situationen besonnen bleibt. So kann er Lösungsmöglichkeiten, die sich unvermutet auftun, erkennen und ergreifen.

»Bei jedem Streite ziehe die Versöhnung selbst dem leichtesten Siege vor.«

Georg Christoph Lichtenberg (1742–1799)

Streit ohne Maß

Gerade Gefühle wie Angst und Hass können – ungezügelt – zum Selbstläufer werden und in einen regelrechten Teufelskreis münden. Schon Plutarch hat festgestellt, dass Zorn aus einer gekränkten und geschwächten Seele kommt und dass man wiederum am verwundbarsten ist, wenn man am zornigsten ist.

»Darüber reden« gilt bei vielen Menschen schon als die Lösung aller Probleme. Richtig ist, dass sich wenige Probleme von selbst lösen, wenn man sie ignoriert und totschweigt, sie werden meist nur noch schlimmer. Richtig ist aber auch, dass ein Gespräch zu einer Verschärfung von Problemen führen kann.

Das ist beispielsweise leicht der Fall, wenn man von der eigenen Position vereinnahmt ist. Viele Gespräche kranken daran, dass einer oder beide Partner wieder und wieder versuchen, dem anderen die eigenen Argumente einzubläuen, mit wechselnden Worten vielleicht, aber mit sich steigerndem Nachdruck. Ihr Interesse an dem, was der andere dazu zu sagen hat, geht dabei gegen null. Im Grunde wird argumentiert, als müsse man nicht den Gesprächspartner überzeugen, sondern ein imaginäres Publikum, das per TED-Umfrage den überzeugenderen Redner wählt. In der Sache jedoch hinterlässt ein solcher verbaler

Schlagabtausch meistens nur tiefere Gräben als vorher. Schlimmer noch sind meist hemmungslose Anschuldigungen. Wenn die Gefühle bereits verletzt sind, dann geraten Gesprächspartner schnell in einen »Wortkrieg«. Jeder Treffer führt dazu, dass die Gegenseite reflexhaft noch heftigere Geschütze auffährt. Wer sich gut kennt, weiß sich zudem meist auch besonders wirksam zu verletzen. Ergänzt wird das Ganze meist durch ein paar einschlägige Vorfälle aus der Vergangenheit, die mit Wendungen wie »Immer musst du ...« oder »... habe dir schon tausendmal gesagt ...« zum Todschlagargument aufpoliert werden.

In der Regel sitzen die spitzen Pfeile hinterher meist tief. Anstatt sich verwundert die Augen zu reiben und zu fragen: »Moment mal, was haben wir da eigentlich für einen Schwachsinn getrieben?«, grübeln die Partner darüber nach, ob jemand, der solche Dinge gesagt hat, einen eigentlich noch lieben und respektieren kann. Oft wird in solchen Situationen dann akribisch danach gefahndet, wer angefangen hat, anstatt nüchtern zu konstatieren, dass beide Seiten die Selbstbeherrschung verloren haben. Solche Brüche sind schwer zu kitten. Der renommierte amerikanische Eheforscher John M. Gottman hat viele Paare in seinem Labor beim Diskutieren und Streiten beobachtet und festgestellt, dass es durchschnittlich vier Bemühungen um

Wiedergutmachung braucht, damit eine verletzende Äußerung vergeben wird.

Toleranz gewinnt Zufriedenheit

Gottman hat bei seinen Forschungen aber auch eine erstaunliche Entdeckung gemacht: Manche Paare warfen sich heftige Anschuldigungen an den Kopf, die allen Regeln für korrektes Streiten Hohn sprechen, ohne dass die elektronischen Messgeräte bei den Streitenden eine erhöhte Herzschlagfrequenz und andere Stresssymptome zeigten, während bei anderen Paaren diese Werte schon nach dem ersten Satz in die Höhe schnellten.

Tatsächlich waren die Paare mit den heftigen Worten, aber unauffälligen Symptomen die glücklicheren. Der Grund: Genügsamkeit. Auch wenn es für einen Außenstehenden nicht leicht zu erkennen war, bewegte sich alles, was sie sagten und taten, in einem Rahmen, von dem sie genau wussten, dass der andere ihn vertragen kann. Sogar Heulen, Toben und Tellerschmeißen können innerhalb so eines privaten Toleranzrahmens liegen. Doch immer, wenn die Sache zu eskalieren drohte, machten die Partner »Rettungsversuche«, wie Gottman das nennt: kleine Scherze, ein Lächeln, einen verbalen Rückzieher.

Plutarch berichtet ganz Ähnliches von Sokrates: »So oft er spürte, dass er vor Erregung zu schroff gegen einen Freund wurde, dämpfte er die Stimme, lächelte übers ganze Gesicht und blickte milder drein; er schuf sich also ein Gegengewicht in Gestalt eines dem Affekt entgegengesetzten Gebarens und bewahrte sich so vor dem Sturz in eine Niederlage.«

Unglückliche, unmäßige Partner dagegen behalten vielleicht äußerlich die Contenance, setzen aber genau die Mittel ein, von denen sie wissen, dass sie den anderen am meisten verletzen, und die Körperreaktionen zeigen dabei alle Symptome von quälendem, krank machendem Stress.

Diese Angstreaktionen des Körpers aber, so meint Gottman, würden kreative Problemlösungen schon rein physisch unmöglich machen.

Der Amerikaner hält deswegen nichts von der gerne empfohlenen Therapie, dass die Partner an der Lösung ihrer Probleme arbeiten sollen. Die einzige Chance sieht er darin, dass die beiden sich um positive Gefühle in allen anderen Bereichen des Lebens bemühen. Nur so könne das Bedürfnis, die Toleranzgrenze des anderen zu überschreiten, besiegt werden.

Der Psychologe meint, dass Hollywood unsere Vorstellungen von Liebe verzerrt habe. Große Dramen führen eben meist nicht zu großen Versöhnungen und große Gesten bringen nicht unbedingt den gewünschten Erfolg. Das Abendessen bei Kerzenschein wird zur Qual, wenn man mit dem anderen nicht mehr gerne zusammen ist. Auch leidenschaftliche Liebesschwüre sind nicht unbedingt charakteristisch für glückliche Paare, hat Gottman festgestellt. In einer glücklichen Beziehung genügt es vielleicht, dem Partner zu sagen, dass man alles Schöne mit ihm teilen will.

Zornfreie Tage

In seiner Schrift *Moralia* erzählt Plutarch vom Sklavenhalter Sextius Sulla, der sich von Bekannten aufwiegeln lässt, seine Sklaven übermäßig zu strafen, damit sie nicht aufsässig werden. Schließlich bekennt dieser jedoch: »Spät, aber nicht zu spät machte ich mir erst einmal bewusst, dass es immer noch besser ist, wenn ich sie durch Nachsicht schlechter mache, als wenn ich durch Erbitterung und Wut mich selbst verbiege, um andere geradezubiegen.« Sextius beschließt daraufhin, ein paar zornfreie Tage einzulegen. Danach berichtet er: »Dann wurden es ein, zwei Monate; und wie ich mich so Schritt für Schritt mit der Zeit erprobte, kam ich voran in der Geduld.«

»Du kränkst den Gott in dir, wenn du den Lüsten frönest, und mehr noch, wenn du in verkehrter Selbstqual stöhnest.«

Friedrich Rückert (1788–1866)

Das Gift des Negativen

Trotz aller weisen Worte begreifen die meisten Philosophen, wenn jemandem der Zorn, die Gier, die Feigheit oder Bequemlichkeit durchgeht. Überhaupt kein Verständnis aber haben sie für Selbstmitleid. Über Dinge zu jammern, die man nicht (mehr) ändern kann, erscheint ihnen als Gipfel der Unvernunft. Wer sich überfrisst, hat wenigstens noch ein leckeres Mahl gehabt, wer feige ist, wenigstens eine Gefahr umgangen, wer sich dagegen seinem Selbstmitleid ergibt, zieht sich immer nur noch mehr zu Boden und gerät in einen Teufelskreis negativer Gefühle.

»Eines ist auf Schlittenreisen streng verboten«, erzählt auch die Heldin in Peter Høegs Roman *Fräulein Smillas Gespür für Schnee*, »und das ist Winseln. Jammern ist ein Virus, eine tödliche, infektiöse, epidemische Krankheit.«

Und doch würden wir nicht so leicht zu jammern beginnen, wenn es nicht doch irgendwo eine gewisse Befriedigung dabei gäbe. »Es ist ein unbegreifliches Rätsel, dieses psychologische Gesetz der Selbstbemitleidung, das so viel Elend in dieser Welt bewirkt«, schreibt der britische Autor John Cowper Powys. »Und doch zwingt uns unser Gewissen mit keinem einzigen Machtwort, trotz alledem glücklich zu sein und uns nicht länger in unserem Unglück zu suhlen.« Stattdessen würden wir den »wohligen, selbstgefälligen Schauer der Gehässigkeit und Destruktivität gegen uns selbst« genießen.

Doch zu genau diesem Machtwort, meinen die Philosophen, müssen wir uns durchringen.

Die Volksweisheit »Wer sich selbst nicht mag, mag auch andere nicht« trifft den Kern. Wer in Selbstmitleid versinkt, zieht sich nicht nur selbst herunter, sondern deckt auch noch seine ganze Umgebung mit seinen negativen Gefühlen ein – völlig egal, ob die etwas für die Probleme kann oder nicht. Untersuchungen haben auch ergeben, dass die Ehen von Menschen, die sich für unzureichend halten, in der Regel scheitern. Sie können gar nicht anders, als den Partner mit genau demselben negativen, kritischen Blick zu bedenken wie sich selbst.

Was die Philosophen über Sorgen sagen, das gilt auch für negative Gefühlsregungen. Entweder sollte man sie als Anlass nehmen, Dinge zum Positiven hin zu ändern, oder man sollte sehen, sie möglichst schnell zu überwinden.

Die Stoiker waren hierbei wieder einmal ganz radikal. Epiktet meinte, man hätte grundsätzlich immer die Entscheidung in der Hand, denn in letzter Konsequenz hat man immer noch die Wahl sich für den Freitod zu entscheiden. »So sage auch du, wenn dir etwas derart zu sein scheint, ›Ich spiele nicht mehr mit‹ und entferne dich. Bleibst du aber, so jammere nicht.«

Falsche Klage

All das bedeutet nicht, dass die Philosophie echte Trauer und Verzweiflung nicht respektiert. Aber auch bei diesen Gefühlen fordert sie das Bemühen, sie ins Positive zu wenden. Als seine kleine Tochter stirbt, schreibt Plutarch in einem sehr bewegenden Brief an seine Frau Timoxena. »Aber ich sehe nicht ein, liebe Frau, warum all dies, wenn es uns während ihres Lebens solche Freude machte, uns jetzt deprimieren und verdüstern sollte, sobald wir daran denken. Eher fürchte ich, wir könnten aus lauter Kummer die Erinnerung verjagen.« Das aber sei der Kleinen nicht würdig. Ganz heftig geißelt Plutarch die Totenbräuche, die er ein »unersättliches Bedürfnis nach Klageliedern, Jammergeschrei und Lamentieren« nennt. Es sei unsinnig, Frauen in der Freude Zurückhaltung aufzuerlegen, aber zügellose Trauer gutzuheißen. Einem Augenkranken ins Auge zu fahren und die entzündete Stelle zu berühren, sei verboten, Trauernde aber wären nach Belieben Besuchern preisgegeben, die nicht zuließen, dass der Schmerz sich legt.

»Die Vernunft formt den Menschen, das Gefühl leitet ihn.«

Jean-Jacques Rousseau (1712–1778)

Spielerisch wachsen

Ein böser Spruch lautet: »Was haben Persönlichkeit und Pickel gemeinsam? – Beides sollte man ausdrücken.« Bloßes Ausdrücken der Persönlichkeit jedoch wäre für die Philosophen zu wenig. Persönlichkeitsbildung ist für sie ein lebenslanger Prozess.

Ein entscheidender Schritt dabei ist die Versöhnung zwischen Vernunft und Affekten, also das Erlernen der Selbstbeherrschung. Die antiken Philosophen haben ihre Pferde oft ziemlich radikal zurechtgestutzt. Es bleibt einem Schriftsteller vorbehalten, diesem Prozess das Schwere zu nehmen. Friedrich Schiller beschreibt in seiner Schrift *Über die ästhetische Erziehung des Menschen* die Versöhnung von Vernunft und Affekten als Spiel.

Der Dichter schrieb über den moralischen Zustand der Gesellschaft zu seiner Zeit: »Hier Verwilderung, dort Erschlaffung: die zwei Äußersten des menschlichen Verfalls ...« Die einen würden auf roheste Weise der Natur, sprich den Trieben huldigen, die Gebildeten aber nur ihrem übersteigerten Kunstsinn, hinter dem sich kein Nutzen und keine Moral mehr verberge.

Für Schiller gehören Vernunft und Gefühl zusammen. Vernunft könne nur Gesetze aufstellen, meint er. Vollstreckt aber würden sie durch lebendiges Gefühl. Nicht die Vernunft, sondern die Empfindungen würden Bewegung in die Welt bringen. Oder um es mit Plutarch zu sagen: Ohne Pferde bleibt der Wagen stehen. Denn die Vernunft – oder der Formtrieb, wie Schiller es nennt – wolle ewige Gesetze.

Der sinnliche Trieb hänge sich ganz an Äußeres. Der vernünftige Formtrieb dagegen wehre sich gegen jede Abhängigkeit. Der sinnliche Trieb wolle die Realität erfahren, der vernünftige ihr seinen Stempel und seine Form aufdrücken.

Das klingt unversöhnlich, und ähnlich haben es ja beispielsweise auch die Stoiker gesehen. Schiller aber meint, dass wir Menschen über etwas verfügen, das er Spieltrieb nennt und das Genuss und Vernunft versöhnen könne. Das Spiel würde der Vernunft ihre moralische Strenge und den sinnlichen Trieben ihre Gier nehmen. Spielerisch würde man die glückliche Mitte zwischen Gesetz und Bedürfnis finden können.

Die Vernunft, die Gestaltung, die Ideen, meint Schiller, hätten es in der Hand, die negativen Seiten der Realität kleiner zu machen. Die Gefühle und Empfindungen dagegen könnten die Notwendigkeiten der Vernunft leichter werden lassen.

Vielleicht empfinde man anfangs nur die Fesseln, die die Vernunft der Sinnlichkeit anlege, räumt Schiller ein. Aber nach einigem Ausprobieren und Lernen werde man irgendwann die unendliche Befreiung verspüren, die in diesem Prozess liegt. Natürlich werde es in der Realität nie ein vollendetes Gleichgewicht geben, immer würden irgendwelche Überreste an »Wildheit und Härte sowie Weichlichkeit und Entnervung« bleiben. Die Versöhnung, das Spiel, sei ein Spannungszustand zwischen Kraft und Weichheit.

Niemand müsse sich auf dieses Spiel einlassen, meint der Dichter, aber die Alternative sei die Tyrannei entweder der Vernunft oder der Sinnlichkeit oder aller beider Triebe zusammen.

Wie der Spieltrieb verwirklicht wird? Schiller maßt sich keine Antwort an. Das müsse man erlebt und erfahren haben, sagt er.

Für den Alltag

Nehmen Sie sich Zeit, sich selbst zu erforschen. Werden Sie sich Ihrer Stärken und Schwächen bewusst und überlegen Sie sich für jede Schwäche eine Strategie zum Ausgleich. Das heißt aber auch, dass wir uns dort, wo wir zu vernünftig und beherrscht sind, auch einmal in einem gewissen Rahmen treiben lassen dürfen und uns von unnötigen selbstauferlegten Pflichten befreien.

GENIESSEN LERNEN

»Alle Vergnügen auf alle Weise genießen zu wollen, ist unvernünftig, alle ganz zu vermeiden, gefühllos.«

Plutarch (um 45–125)

Plutarch erzählt, die Königin Ada von Karien habe Alexander dem Großen die köstlichsten Speisen schicken lassen, die ihre Köche zubereiten konnten. Alexander aber »ließ ihr sagen, er habe weit bessere Köche: für die Mittagsmahlzeit den nächtlichen Marsch und für das Abendessen die spärliche Mittagsmahlzeit«.

Jeder kennt die Erfahrung, dass Entspannung nach harter Arbeit am schönsten ist und pures Wasser herrlich schmeckt, wenn man richtigen Durst hat. Wenn man vorher Mangel erfahren hat, dann wird Genuss zu einer sehr einfachen Sache.

Brot und Spiele

Der griechische Geschichtsschreiber Herodot erzählt, das lydische Reich sei einst von einer Hungersnot heimgesucht worden. Um mit den wenigen Vorräten auszukommen, hätten sich alle Bewohner an jedem zweiten Tag so sehr dem Spiel gewidmet, dass sie den Hunger vergaßen. An den anderen Tagen hätten sie gegessen, aber nicht gespielt, um die Lust daran nicht zu verlieren. Auf diese Weise hätten sie 18 Jahre durchgestanden und alle Spiele und Spielgeräte, die die Griechen kannten, erfunden.

»Ich genieße alles dankbar,

was von außen kommt,

aber ich hänge an nichts.«

Wilhelm v. Humboldt (1767–1835)

Die Lust der Genügsamen

In einer von Platons berühmtesten Schriften, dem *Gastmahl*, feiern Sokrates und mehrere junge Männer zusammen und philosophieren über das Wesen des Eros. Gegen Ende kommt, schwer betrunken, Alkibiades, der spätere Stratege Athens, herein und erzählt von seinen Erlebnissen mit Sokrates auf dem Feldzug nach Potidäa. Der Philosoph habe dort durch seine Härte, seine Widerstandskraft und gleichmütige Tapferkeit alle Soldaten beschämt. »Lebten wir aber in Saus und Braus«, erzählt Alkibiades weiter, »so verstand niemand so zu genießen wie er.«

Auch Diogenes, der sich seinen Lebensunterhalt zusammenbettelte und sogar in einer Tonne gelebt haben soll, hatte seinen Spaß am Leben. Das Leben sei von den Göttern eigentlich nicht schwer gemacht, meinte er. Man erschwere es sich aber selbst durch die Suche nach Leckerbissen und Wohlgerüchen. Er aber lebe vergnügt wie ein Hund, wedle um sein Essen, belle gegen die Dummheit und beiße die Bösen.

Philosophen hatten durchaus nichts gegen den Genuss. Seneca sagte, ein Mensch könne ebenso wenig immer geistig leistungsfähig sein, wie ein Acker immer Frucht bringen könne. Aristoteles meinte sogar, man sei verpflichtet, es sich gut gehen zu lassen, damit man nicht ungenießbar für die anderen werde, sich selbst moralisch herunterziehe und wichtigen Dingen nicht mehr angemessen nachgehen könne. Und Platon lässt den Sokrates im Dialog *Philebos* über die herziehen, die durch eine »Freudlosigkeit ihrer Natur« leugnen, dass es überhaupt Lust gäbe, die »von übertriebenem Hass erfüllt sind gegen die Macht der Lust und sie für nichts Gesundes halten, sodass ihnen denn auch gerade das Verführerische derselben nur als Blendwerk, nicht als wirkliche Lust erscheint« Doch Philosophen unterscheiden streng zwischen dem schnellen, oberflächlichen Genuss und dem wahren, tiefen. Dieser aber ist nicht immer leicht zu bekommen. »Über raue Wege zu den Sternen«, fasste Seneca seine Erkenntnis zusammen.

Genuss macht glücklich

Es ist auch kein Widerspruch, dass gerade Epikur, der so genügsam lebte, sein Leben der Philosophie der Lust, dem Hedonismus, widmete. Epikur ging davon aus, dass jegliches menschliche Streben danach trachtet, Lust (Hedone) zu empfinden und Unlust zu vermeiden. Einen neutralen Zustand dazwischen gibt es für ihn nicht. Wer auf die Frage, wie es ihm geht, »Ganz gut, aber ...« antwortet, der lässt sich von Unzufriedenheit leiten und empfindet also Unlust. Epikur jedoch ist der Meinung, dass man, wenn es irgendwie möglich sei, den Zustand der Lust anstreben solle. Sprich: Unglücklich, unzufrieden, furchtsam, arm, elend, abhängig und was es noch an negativen Empfindungen gibt, soll man sich nur fühlen, wenn es sich tatsächlich nicht vermeiden lässt. Epikur selbst wurde zum Beispiel die letzten zwei Wochen seines Lebens von heftigen Nierensteinkoliken geplagt. Er setzte sich in eine heiße Badewanne, konsumierte reichlich Wein und soll die ihm verbliebene Zeit für ziemlich heitere und gelassene Gespräche mit seinen Freunden und Jüngern genutzt haben. Furcht vor dem Tod fand er besonders dumm, obwohl er nicht an ein Weiterleben nach dem Tod glaubte.

Epikur meinte, solange man lebe, würde man sich mit dem Gedanken an den Tod nur das Leben verderben, und wenn man tot sei, könne einem der Tod nichts mehr anhaben, da man ja gar nicht mehr existiere.

Mit seinem Primat der Lust ist Epikur ziemlich missverstanden worden. Er betonte, dass es ihm nicht um die Lust gehe, »die maßlos von Genuss zu Genuss jagt«, sondern um einen beglückenden Zustand, in dem man weder körperliches Unbehagen noch seelische Unruhe verspüre. Ein weiser und maßvoller

Mensch, so Epikur, entscheidet sich nicht für jede Lust, ja er nimmt sogar Misslichkeiten auf sich, wenn er dadurch zu größerem und dauerhafterem Lustgewinn kommen kann. Lust aber heißt bei Epikur alles, was sich irgendwie gut anfühlt. Dazu gehört zum Beispiel das gute Gefühl, etwas geleistet zu haben, sich beherrscht zu haben, obwohl die Versuchung groß war, zu seinen Überzeugungen gestanden zu haben, Schmerz und Kummer besiegt zu haben, tapfer gewesen zu sein, anderen Gutes getan zu haben, Rücksicht genommen zu haben und so weiter. Dieses gute Gefühl, so Epikur, sollte man aber auch ungestraft genießen. In dieser Hinsicht hat seine Lehre etwas sehr Einfaches und Positives. Man könnte seine Botschaft vielleicht so verkürzen: Bleibe anständig, aber genieße dein Leben!

Genuss braucht Beschränkung

Um möglichst viel Genuss zu empfinden, empfiehlt Epikur, möglichst genügsam zu sein. »Nicht, damit wir uns ganz und gar mit dem wenigen abfinden, sondern um uns, wenn wir das meiste nicht haben, mit dem wenigen zu begnügen, in der echten Überzeugung, dass diejenigen mit dem größten Lustgefühl einen Aufwand genießen, die seiner am wenigsten bedürfen.« Wer an einfache Mahlzeiten gewöhnt sei, könne ein Festmahl mehr genießen, meint der Philosoph, sei aber gleichzeitig furchtlos gegenüber dem Schicksal, das einem eben nicht immer ein aufwändiges Essen vergönnt.

Voltaire meinte in Bezug auf den Genuss, das Überflüssige sei eine höchst notwendige Sache. Jede Feier lebt davon, dass sie etwas Besonderes, Überflüssiges ist, herausgehoben aus dem Alltag. Wer immer Blumen auf dem Tisch hat und Kerzen anzündet, der muss noch mehr Aufwand treiben, um einem Festmahl einen besonderen äußeren Rahmen zu geben.

Epikur schlägt deshalb vor, die Grenze zwischen Notwendigem und Überfluss möglichst niedrig anzusetzen, um möglichst schnell vom Zwang des Brauchens erlöst zu sein und in den Bereich des Genießens vorzudringen.

Der Zauber des Einfachen

Bei klassischen griechischen Säulen gab es zwei verschiedene Kapitellformen. Das dorische Kapitell sah aus, als läge auf der Säule ein rundes, zusammengedrücktes Kissen mit einem flachen, quadratischen Stein. Auch die lockenförmigen Voluten des ionischen Kapitells schienen wie breit gedrückt. Die Römer

»Alles Große und Edle ist einfacher Art.«

Gottfried Keller (1819–1890)

dagegen liebten das korinthische Kapitell, das einem Korb voll überquellender Akanthusblätter nachempfunden war.

Während es den Römern auf die Pracht ankam, war die griechische Kunst der Dike gewidmet, der Ordnung des Kosmos. Und dazu gehörten auch die inneren Zusammenhänge wie das Gesetz der Schwerkraft.

Was hat das jedoch mit Genügsamkeit zu tun? Die Griechen beschränkten sich in ihrer Kunst, um das Wesen der Dinge nicht zu verfälschen. Viele Menschen möchten sich wieder mehr an der Sinnlichkeit des Alltäglichen erfreuen. Sinnlich aber ist das, was unsere Sinne anspricht, und das sind oft Dinge, die unseren Erfahrungen entsprechen. Ein Dach ist unserer Erfahrung nach schwer, was die griechischen Dekorationen ausdrücken, während ein stilisierter Korb voll zarter Blätter und schwere Dachbalken ohne inneren Zusammenhang nebeneinander stehen.

Trotz all der Vielfalt, die uns umgibt, verdienen sich viele Dinge heutzutage in puncto Sinnlichkeit ein glattes »Ungenügend«. Vieles sieht zwar gut aus, fasst sich aber langweilig an und verfügt weder über einen charakteristischen Duft noch über einen guten Klang. Nase und Ohr werden dafür mit künstlichen Duft- und Geräuschkulissen abgefertigt, die nichts mit dem, was man sieht, zu tun haben.

Genügsamkeit bedeutet einerseits Verzicht: sich nicht immer und überall mit schönen Dingen, Düften und Klängen einzudekken. Andererseits bedeutet sie, wieder für genügend innere Zusammenhänge und wirklich befriedigende Güter zu sorgen.

Mit allen Sinnen

Nicht alle Philosophen wussten die sinnlichen Lüste zu schätzen, Epikur schon: »Ich jedenfalls weiß nicht, was ich mir unter dem Guten vorstellen soll, wenn ich die Lüste des Geschmacks, die Lüste der Liebe, die Lüste des Gehörs wegnehme sowie die lustvollen Bewegungen, die durch den Anblick einer Gestalt erzeugt werden, und was sonst für Lüste im gesamten Menschen durch irgendeinen Sinn entstehen. Und man kann nicht sagen, dass nur die Freude des Geistes zu den Gütern zähle.«

Kein Wunder, dass der Zen-Buddhismus oder auch die Möglichkeit, für eine Weile im Kloster auf Zeit zu leben, viele Menschen ansprechen, auch wenn sie weder Buddhisten noch besonders eng dem christlichen Glauben verbunden sind. Hier wird die Zahl der Eindrücke, denen man im Laufe des Tages begegnet, so radikal reduziert, dass man die Sinnlichkeit erleben kann, die jedem einzelnen innewohnt: der Hall der Glocken, der

Eindruck des Raumes, der Boden unter den Füßen, die so streng eingeteilte Zeit, die sich gerade dadurch aufzulösen scheint.

Für Platon standen die so genannten »reinen oder schmerzlosen Lüste« an der Spitze des Genusses. Damit meinte er Dinge, die man genießen könne, ohne sie haben zu wollen: schöne Farben, Gerüche, Töne oder Formen. Mit diesen Gaben der Kunst oder Natur, meinte er, wäre man eigentlich genug beschenkt. Man müsse darüber nicht noch nach anderen Lustgefühlen suchen, die Probleme oder seelische Verwirrung mit sich brächten.

Der Rhythmus des Lebens

Menschen, die einfacher leben wollen, suchen oft nach einem neuen Rhythmus im Leben. Immer alles zu haben, ist nicht normal. Vor allem ist es langweilig. Monoton. Immer das Gleiche. Früher gab es Lebkuchen wirklich nur im Advent. Der Geruch der charakteristischen Gewürze stand für eine besondere Zeit, die auch darüber hinaus ihr ganz eigenes Gepräge hatte, das es nur einmal im Jahr gab. Da konnte der Geschmack von Zimt und Nelken noch eine ganze Flut von Erinnerungen, Eindrücken und Gefühlen hervorrufen. Vor nicht allzu langer Zeit war auch ein Cappuccino untrennbar mit dem Urlaub in Italien verbunden.

»Denn müßig sein heißt,

den Jahreszeiten fremd zu werden

und auszuscheren aus dem Lauf

des Lebens.«

Khalil Gibran (1883–1931)

Wenn man tatsächlich hierzulande einmal echten Cappuccino bekam, dann rief das gleich Urlaubserinnerungen hervor. Heute ist der Milchschaum-Kaffee etwas so Alltägliches geworden, dass er diese magische Kraft kaum noch besitzt.

Die Kunst der Genügsamkeit bedeutet auch, wieder das Charakteristische eines Augenblicks fühlen zu lernen. Sie bedeutet, das zu genießen, was man gerade hat, und Sehnsucht nach dem entwickeln zu können, was man nicht hat. Jedoch keine quälende Sehnsucht, sondern eine, die sich der Vorfreude hingibt, der Hoffnung auf Möglichkeiten, die sich (vielleicht) noch erfüllen.

Die Lebkuchen oder der Cappuccino wären vielleicht noch verschmerzbar. Dass alles überall und immer erhältlich ist, nimmt unserem Leben zwar Struktur und Charakter, doch es berührt nicht die wesentlichen Dinge und ist so offensichtlich, dass jeder, der möchte, es relativ leicht ändern kann. Andere Verluste von Lebensrhythmus sind subtiler und reichen weit tiefer.

Friedrich Schiller sieht in seiner Umwelt ein Auseinandergerissensein, das auch uns heute nicht fremd ist. »Der Genuss wurde von der Arbeit, das Mittel vom Zweck, die Anstrengung von der Belohnung geschieden.« Die einzelnen Teile des Lebens würden nicht mehr wie ein Uhrwerk ineinander greifen. Genauso zerbrochen sei der Mensch selbst, bleibe aber an die einzelnen

Bruchstücke gefesselt. Der normale Mensch hätte keine befriedigende Arbeit mehr, müsste aber »die ganze, karge Summe seiner Kraft« dafür aufwenden. Es sei keine gute Empfehlung an den Staat, meint Schiller, wenn die Kräfte die Aufträge übersteigen und Individuen dem dürftigen Dasein eines Staates geopfert werden, der seinen Bürgern ewig fremd bleibt.

Es ist noch nicht so genau erforscht, wie sehr diese von Schiller beschriebene Trennung von Genuss und Arbeit, Anstrengung und Belohnung zu Verunsicherung, Frustration und Depressionen auch in unserer Gesellschaft beigetragen hat. Ein Abiturient, der an einem historischen Experiment als Schiffsjunge auf einem Auswandererschiff teilgenommen hat, nannte den steten Wechsel zwischen harter Arbeit und unmittelbarer Belohnung den stärksten Eindruck der Reise. Andere Menschen, die körperliche Herausforderungen auf sich genommen haben, berichten Ähnliches. Faulheit dagegen, rügte Immanuel Kant, sei der Hang zur Muße ohne vorhergehende Arbeit.

Nicht das einfache Leben ist spießig und deprimierend, sondern das ängstliche, unachtsame, fantasie- und zusammenhanglose. Das Leben dagegen »durch Mühsal zu lieben«, meint Khalil Gibran, »heißt, mit dem innersten Geheimnis des Lebens vertraut werden«.

Abwechslung und Herausforderungen

In den 1980er-Jahren hat sich der Künstler und Soziologe Hugo Kükelhaus mit der »Unsinnlichkeit« unserer Umgebung befasst. Warum, fragte er sich, ist man völlig erschöpft, wenn man fünf Kilometer auf einer schnurgeraden, ebenen Betonpiste entlanggegangen ist, fühlt sich aber erfrischt, wenn man die gleiche Strecke im Wald zurückgelegt hat? »Dort ist der Weg nicht schnurgerade, sondern gewunden. Es geht auf und ab: über Stock und Stein. Da sind schlüpfrige Stellen. Das Licht ist dämmrig. Man muss dauernd balancieren. Ist ganz Auge, ganz Ohr, ganz Lunge und Nase: vielerlei Düfte sind da, besonders vom Boden her; Vogelgesang, Blumen.«

Kükelhaus kommt zu dem Ergebnis, dass die Nichtinanspruchnahme unserer Sinne und Fähigkeiten anstrengender sein kann als die Inanspruchnahme. Und dass in unserer modernen Umgebung oft der Rhythmus zwischen Anspannung und Entspannung, Geben und Nehmen fehlt, dass nichts zum Wippen, Schaukeln, Hüpfen, Boxen und Räkeln verleite, dass kaum ein Weg einen souveränen, aufrechten Gang herausfordere.

Auch Kinderpsychologen haben ähnliche Erfahrungen gemacht, dass körperliche Herausforderung und geistige Befriedigung viel miteinander zu tun haben. Das bewegungsarme Leben, das viele Kinder heute führen, führt auch zu mangelnder geistiger Flexibilität. Kinder, die nicht rückwärts laufen können, tun sich zum Beispiel auch oft mit dem Subtrahieren schwer. Die fehlende körperliche Erfahrung und die mangelnde geistige Vorstellungskraft bedingen einander. Wer abends mit einem ungelösten Problem das Büro verlässt, hat viel mehr Chancen, vor dem Feierabend doch noch zu einem geistigen Abschluss zu kommen, wenn er mit dem Fahrrad heimfährt, als wenn er das Auto oder die öffentlichen Verkehrsmittel nimmt. Die gleichmäßige körperliche Bewegung wirkt sich sehr wohltuend auf den Gedankenfluss aus. Unwillkürlich fragt man sich, ob Manager, die außerhalb des Büros meist die Autobahn oder den Flug ihres Golfballs vor Augen haben, noch »zur Seite« denken können.

Kükelhaus fordert eine Wiederbegegnung mit dem eigenen Körper, und zwar dem aktiven Körper, nicht dem passiven als Objekt der Wellness. Sport wäre jedoch oft zu einseitig, moniert der Künstler, weil er immer die gleichen Bewegungsmuster fordere. Körper, und Geist aber bekämen ihre Sicherheit nur durch Herausforderungen. Heute wären Menschen unsicher, wenn sie mal ohne Licht eine Treppe herunterlaufen müssten oder mit verbundenen Augen durch eine leere Halle gehen.

In der Erlebnispädagogik, die Kindern die fehlenden Herausforderungen im Alltag ersetzen soll, ist das Klettern besonders beliebt. Beim Klettern, so meinen die, die diesen Sport ausüben, werden Gedanken und Handgriffe zu einer Einheit. Muskeln und Wille bewegen sich gleichzeitig. Die Bewegung ist ein rhythmischer Ablauf zwischen Anspannung und Entspannung. Gleichzeitig wird die Herausforderung ständig neu durch den Fels vorgegeben. Die Lösung muss man selbst finden. Man trägt sie nicht in Form von ausreichend verschiedenen Schlägern in der Golftasche mit sich. Außerdem ist stete Konzentration gefragt, eine Konzentration, die so absolut ist, dass sie schon wieder etwas Meditatives bekommt.

Neben dem Körper, so der gelernte Tischler Kükelhaus, würden heute auch die Hände unterfordert. Sie leisten nur noch das, wozu noch keine Maschine erfunden wurde. Wo früher noch komplexe Bewegungen erforderlich gewesen wären, würde sich heute vieles auf das Bedienen von Knöpfen und Tastaturen beschränken. Der fühlbare Zusammenhang zwischen Greifen und Begreifen gehe verloren. Selbst das einfache Herunterdrücken einer Klinke sei sinnlicher gewesen als das Bedienen eines elektronischen Türöffners. Im Kontrast dazu stehe eine ständige Überforderung der Augen.

»Es ist gut für den Menschen, seinen Kopf in den Wolken zu haben und seine Gedanken zwischen den Adlern wohnen zu lassen; aber er muss auch daran denken, dass je höher der Baum in den Himmel wächst, desto tiefer seine Wurzeln in das Herz von Mutter Erde hineindringen müssen.«

Weisheit der Absaroka-Indianer

Im Rausch

Rausch und Exzess scheinen das Gegenteil von Genügsamkeit zu sein. Doch Philosophen sehen das ein bisschen anders. Das Gegenteil von Genügsamkeit sind für sie Unmäßigkeit und Gier, das Unangemessene, Unvernünftige, das, was uns treibt oder beherrscht. Aber sie räumen ein, dass es Gelegenheiten gibt, wo es völlig in Ordnung und angemessen ist, sich in einen rauschhaften Zustand hineinfallen zu lassen. So forderten Philosophen beispielsweise durchaus Genügsamkeit, wenn es um die Frage geht, wann und mit wem man sich auf Sex einlässt, aber keinem wäre es eingefallen, währenddessen allzu viel Selbstbeherrschung zu verlangen – vom Verzicht auf Grausamkeit mal abgesehen.

Platon lobt in seinem Dialog *Phaidros* sogar den Wahnsinn. Er meint, dass irdischer Wahnsinn zwar verderblich sei, nicht aber der von den Göttern gegebene Wahn, der ein Abbild des Jenseitigen sei. »Diesen leidenschaftlichen Zustand aber, o schöner Knabe«, lässt Platon Sokrates zu Phaidros sagen, »an den ja meine Rede gerichtet ist, heißen die Menschen Eros.« Entgegen manchem Vorurteil hatte Platon auch nichts gegen den körperlichen Eros, aber erst der geistige Eros, meinte er, führe den Liebenden von der irdischen zur wahren, ewigen Schönheit.

Auch Thomas von Aquin hält eine gotterfüllte Euphorie bis zu einer Art Trunkenheit hin in »gewissen Stunden der Gnade« für absolut vereinbar mit Genügsamkeit und Vernunft. Wenn der Mensch sich im »unendlichen grenzenlosen Meer des göttlichen Seins« verliere, dann sei das durch Gott legitimiert.

Überhaupt hatten die meisten Philosophen, die sich mit Genügsamkeit befassten, eine Vorstellung von einer transzendenten, religiösen Ebene. Sowohl die Vorstellung der antiken Philosophen vom Göttlichen als auch der christliche Himmel oder das buddhistische Nirwana sind Orte der Vollkommenheit. Zustände, wo man nicht mehr genügsam sein muss und keine Grenzen beachten, weil alles absolut gut ist.

Absolutheit jedoch ist ein Privileg der Götter, von denen sie den Menschen nur in wenigen, kostbaren Augenblicken eine Ahnung schenken. Diese Geschenke darf man genießen. Ansonsten hat man sich an seine Vernunft und die Grenzen und Beschränkungen des irdischen Daseins zu halten. Kaum einer sagt es ausdrücklich, aber im Grunde schwingt bei allen die Vorstellungen mit, dass überhaupt nur jemand, der Grenzen kennt, also genügsam ist, diese göttlichen Momente der Grenzenlosigkeit geschenkt bekommt. Die blinde »Masse« würde sie gar nicht erkennen.

Aristoteles meint: »Ganz ohne eine Spur von Wahnsinn war

noch nie ein großer Geist.« Und Seneca findet: »Nur ein im Innersten aufgewühlter Geist kann etwas Großartiges, über das Mittelmaß Hinausragendes überhaupt ausdrücken: Nur wenn er Gewohntes und Alltägliches verachtet und sich in begeistertem Aufschwung hoch emporschwingt, erst dann kann der Geist das für Menschen Unsagbare verkünden.«

Göttliches Glück

Hier zeigt sich wieder einmal, dass die Vorstellung der Philosophen vom genügsamen Leben nichts mit einem bescheidenen Dasein zu tun hat. Das Ziel sind der Himmel, die Sterne, die Momente des Göttlichen, das Nirwana.

Der britische Schriftsteller John Cowper Powys meint, indem wir uns vom religiösen Leben verabschiedet hätten, hätten wir zugelassen, dass politische und gesellschaftliche Ideale »einen Platz im Leben unserer einsamen Seele erobern, für den sie ganz und gar nicht geschaffen sind; und da diese wütenden Eindringlinge weder deren weite Hallen ausfüllen noch sich in der feierlichen Stille ihrer Gemächer wohl fühlen können, bleiben verlassene Winkel und Räume, die völlig unbehaust sind, in denen nur unglückliche Schattengestalten umhergeistern und Ausgeburten des Wahnsinns wirre Worte raunen«. Unsere Seele sei geschaffen für ein Glück, das seinen Ursprung in kosmischen Dimensionen und nicht in politischen oder ökonomischen habe. Werde ihr dieses spezielle magische Glück verweigert, dann entstehe daraus Sehnsucht und Rastlosigkeit. Die Momente des Göttlichen vergleicht er mit einem aus dem Wasser emporschnellenden Fisch, der sich für kurze Zeit aus seinem eigentlichen Lebenselement, an das er gebunden ist, erhebt.

In dieser Hinsicht waren die Philosophen nicht genügsam. Mit weniger als dem Göttlichen gaben sie sich nicht zufrieden. Genügsam ist jedoch die Vorstellung, dass dem Menschen nur Momente davon zukommen und dass auch die ein Geschenk sind.

Für den Alltag

Alles hat seine Zeit. Im Alten Testament heißt es: »Alles hat seine Stunde, und es gibt eine Zeit für jegliche Sache unter der Sonne: eine Zeit für die Geburt und eine Zeit für das Sterben, eine Zeit zu pflanzen und eine Zeit, das Gepflanzte auszureißen, eine Zeit zu töten und eine Zeit zu heilen, eine Zeit einzureißen und eine Zeit aufzubauen, eine Zeit zu lachen, eine Zeit zu klagen und eine Zeit zu tanzen.«

Auf den ersten Blick könnte man annehmen, die Bibelstelle rechtfertige das Töten und das Ausreißen. Trotz ihres teilweise fast gewaltsamen Inhalts haben diese Zeilen einen sehr trostreichen Kern, obwohl sie nicht gerade optimistisch sind. Es schwingt eine tiefe Lebenserfahrung mit, die wir fast schon vergessen haben. Obwohl wir wünschen, dass es keine Zeit des Tötens, des Sterbens und des Ausreißens geben soll, gibt es sie. Aber sie geht auch wieder vorbei.

ZUFRIEDEN WERDEN

»Man kann die seligsten Tage haben, ohne etwas anderes dazu zu gebrauchen als blauen Himmel und grüne Frühlingserde.«

Jean Paul (1763–1825)

Es gibt Momente im Leben, die einfach perfekt zu sein scheinen. Keine Sorgen, keine Wünsche, einfach Glück. Vielleicht schweift der Blick über Gras, das sich im Wind wiegt, oder folgt den Vögeln, die am Himmel kreisen. Epikur liebte den Blick aufs ruhige Meer. Dieser war für ihn Ausdruck des vollkommensten Glücks.

Ein Zustand, der auch Nietzsche faszinierte. Über Epikur schreibt er: »Ich sehe sein Auge auf ein weites weißliches Meer blicken, über Uferfelsen hin, auf denen die Sonne liegt, während großes und kleines Getier in ihrem Licht spielt, sicher und ruhig wie dies Licht und jenes Auge selbst. Solch ein Glück hat nur ein fortwährend Leidender erfinden können, das Glück eines Auges, vor dem das Meer des Daseins stillgeworden ist und das nun an seiner Oberfläche und an dieser bunten, zarten, schaudernden Meereshaut sich nicht mehr satt sehen kann. Es gab nie zuvor eine solche Bescheidenheit in der Wollust.«

So wie in Genügsamkeit das Wort »genug«, steckt in Zufriedenheit das Wort »Frieden«. Zufriedenheit bedeutet aber nicht, seinen Ehrgeiz zu begraben, etwa anspruchslos und bescheiden zu sein, sondern inneren Frieden zu finden, den Zustand, in dem man aus ganzem Herzen sagen kann: »Es ist genug. Es ist gut.«

»Es geschah, was geschah.

Ich erinnere es nicht.

Als Gutes verrinnt es, erfrage es nicht.«

Al-Ghazali (1058–1111)

Der Anteil des Himmels

Manche Menschen haben in diesen magischen, vollkommenen Momenten des Lebens das Gefühl, dass Himmel und Erde in Verbindung zu stehen scheinen. Himmel, aber nicht siebter Himmel. Für keinen der Philosophen gibt es eine Abstufung des Guten. Aristoteles schreibt: »Glück ist das Gut, der Zustand, dem nichts mehr hinzugefügt werden muss.« Glücklichsein bedeutet nichts mehr brauchen. Es gibt keine Steigerung. Glück ist Erfüllung. Schaden könne man in verschiedenem Grade erleiden, meint Aristoteles, Glück nur in einem. Glück ist entweder da oder nicht.

Epikur schreibt an seinen Freund Menoikeus, in seinen lustvollen, glückseligen Momenten gleiche das Leben der Menschen dem der Götter. »Du wirst wie ein Gott unter Menschen leben. Denn keinem sterblichen Wesen gleicht der Mensch, der inmitten von unsterblichen Gütern lebt.« Zwar sei das Glück der Menschen begrenzt, das der Götter aber endlos, doch wer sich darüber gräme, zerstöre nur sein eigenes Glück, ändere aber nichts an der Sache. Der bewusst erlebte Augenblick sei ein Stück Vollkommenheit in der Unvollkommenheit und letztlich das Ziel des Lebens. Egal, was wir uns vorgenommen hätten: Am Ende gehe es darum, zufrieden zu sein.

Bei manchen Lebensberatern und Persönlichkeitstrainern hört sich das oft anders an. Da wird von verschiedenen Levels geredet, von einer Rangfolge der emotionalen »Flow«- und »Peak«- und »Plateau«-Zustände. Gerade die spirituellen asiatischen Techniken geraten in Europa leicht in Gefahr, mit Erwartungen überfrachtet zu werden und zu einem Übungsprogramm zu verkommen, das an Computerspiele erinnert. So wie man bei jenen verschiedene Levels schaffen muss, um sein Ziel zu erreichen, geht es bei diesen um Grade der Erleuchtung.

Glück und Zufriedenheit werden zu einer Leistung, die es sich zu erarbeiten gilt, und eigentlich kommt man nie ans Ziel, weil sich immer noch mehr Erfüllung denken lässt. Dabei müsste man einfach nur loslassen.

Gerade die Philosophen der Antike lebten ganz im Hier und Jetzt. Der Augenblick zählte, nicht die Auseinandersetzung mit der Vergangenheit und nicht die Frage, was sich von der Zukunft noch erwarten lässt. Die Fähigkeit, den Augenblick zu genießen, meinte Epikur, gehöre unbedingt zu einem glücklichen Leben. »Du aber bist nicht Herr des morgigen Tages und schiebst dennoch das Erfreuliche auf. Das Leben geht unter Zaudern verloren, und jeder Einzelne von uns stirbt in seiner Unrast.« Manche Menschen sind erst zufrieden, wenn etwas perfekt ist. Für die

Philosophen spielt Perfektion keine Rolle. Vollkommenheit ist für sie eine Sache des Himmels. Auf der Erde und für die Menschen ist eine solche Vorstellung unvernünftig. Perfektion gibt es einfach nicht. Immer, wenn wir davon reden, dass etwas »perfekt« ist, dann bedeutet das in Wahrheit, dass die Sache eine von uns selbst gestellte Norm erfüllt. Aber natürlich ist immer noch eine Steigerung denkbar. Man muss sich nur mal eine anscheinend perfekt glatte Fläche unter dem Elektronenmikroskop anschauen. Hohe Ziele, strenge Normen und 100-prozentige Erfüllung können in vielen Bereichen des Lebens, vor allem in technischen Dingen, durchaus Sinn machen. Wer aber nach tatsächlicher Vollkommenheit strebt, wird scheitern. Wer sich die ideale Liebe ausmalt, wird sich und den Partner ins Unglück stürzen. Perfektion ist eine Chimäre, ein Fabelwesen, das am Ende des Regenbogens wohnt.

Vollkommenheit ist etwas für Götter

»Dinge zu planen ist Sache des Menschen, Dinge zu vollenden Sache des Himmels«, sagt ein chinesisches Sprichwort. In der indischen *Bhagavadgita* heißt es: »Deine Pflicht, dein Recht ist nur die Tat und liegt nicht im Resultat.« Wir können nur tun, was wir können. Das muss genug sein. Wer nicht den Punkt findet, wo er loslassen kann, der wird nie zufrieden werden.

Manche Menschen kokettieren damit, dass sie tatsächlich nie zufrieden sind. Aber »nie« ist schon wieder so eine Unmäßigkeit. Man kann sich entscheiden, nicht leicht zufrieden zu sein – und den Preis dafür zu zahlen. Aber »nie« zufrieden sein zu wollen, hat etwas Unehrliches und Menschenfeindliches. Solche Menschen ziehen ihre »Zufriedenheit« meist daraus, dass sie sich für anspruchsvoller halten als den Rest der Menschheit.

Genügsamkeit eines Weisen

Der Dalai Lama wurde auf einer Veranstaltung einmal gefragt: »Eure Heiligkeit, glauben Sie, dass spirituelle Erleuchtung uns auch hier im Westen nützen könnte, unsere Probleme zu lösen?« Darauf antwortete er: »Erleuchtet werden nur wenige. Wir (!) anderen müssen es mit gesundem Menschenverstand versuchen.«

Manche Menschen glauben, Religion hätte etwas Totalitäres. Aber das stimmt nicht. Wahre Religion ist genügsam. Ein religiöser Mensch glaubt nicht, dass er alles wissen, alles verantworten muss und seine Existenz letzter Schluss der Dinge ist. Er erkennt an, dass es noch eine höhere Instanz gibt als ihn selbst. Er fühlt sich an Gott gebunden und vertraut ihm, aber er glaubt nicht, ihn zu kennen. »Halte deine Seele stets in einem Zustand, in dem sie wünscht, dass ein Gott existiert«, plädierte Rousseau.

Sekten und religiöser Fanatismus zeichnen sich dagegen durch Maßlosigkeit aus. Sie haben keinen Respekt vor ihrem eigenen Gott, sondern glauben genau wissen zu können, was der will. Im Grunde versuchen sie, Gott zu beherrschen und als Waffe gegen Andersdenkende zu missbrauchen.

Heute gibt es viele Menschen, die zwar nicht mehr an einen Gott, aber doch an irgendwelche esoterischen Kräfte glauben, die über unser Bewusstsein hinausgehen. Doch schaut man genauer hin, dann findet man oft den Wunsch der Sektierer und Fanatiker, auch das Übernatürliche zu beherrschen. Die übernatürlichen Kräfte werden wie Naturgesetze gesehen, die wir vielleicht noch nicht kennen, die aber grundsätzlich erkennbar – und damit beherrschbar – sind.

»Der Mensch spielt nur, wo er in voller Bedeutung des Wortes Mensch ist, und er ist nur da ganz Mensch, wo er spielt.«

Friedrich Schiller (1759–1805)

Den inneren Reichtum nutzen

Philosophie strebt nach Weisheit. Unrealistischen Träumen nachzujagen ist äußerst töricht. Für die Philosophen kommt es dagegen darauf an, das eigene Leben im Rahmen der gegebenen Möglichkeiten möglichst gut, glücklich und erfolgreich zu gestalten und mit sich im Reinen zu sein. »Glücklich ist, wer in seinem Urteil richtig liegt; glücklich ist, wer mit den gegebenen Verhältnissen, wie immer sie sind, zufrieden ist und ja sagt zu seiner eigenen Lage«, meinte Seneca. Das bedeutet aber nicht, dass man keinen Ehrgeiz entwickeln darf. Die Philosophen hatten ihn selbst. Sie sahen sich durchweg als Menschen, die mit ihren Fähigkeiten über das Gewöhnliche herausragten, und sie waren der Meinung, dass man nicht nur die Freiheit, sondern sogar die Verantwortung hat, seine Gaben zu nutzen.

Wie schafft man es, trotzdem kein unersättlich Ehrgeiziger zu werden? Vielleicht hat Friedrich Schiller mit seiner Theorie vom Spieltrieb die Antwort darauf gefunden. Zur Arbeit, meinte er, werde man durch Mangel getrieben, zum Spiel durch Reichtum. In dem Augenblick also, wo Arbeit nicht mehr aus einem Gefühl des inneren Mangels heraus entsteht wie etwa dem Gedanken »Ich muss das tun, um meine Familie zu ernähren/zu beweisen, dass ich der Beste bin, etc.«, sondern aus innerem Reichtum, aus Lust, aus dem Wunsch heraus, seine Fähigkeiten einzubringen, in dem Augenblick wird Arbeit zum Spiel. Alles fließt von alleine. Ein Spielender aber ist kein Getriebener wie ein Ehrgeiziger. Spiel, sagt Schiller, sei ein Luxus der Kräfte, genauso wie es in der Natur oft überbordende, eigentlich überflüssige Fülle gebe, wenn die Kräfte dazu vorhanden seien. Spiel ist für ihn auch die perfekte Vereinigung von unserem empfindend passiven Seelenanteil und dem denkend tätigen. Es ist ein Zustand, in dem man gleichzeitig alle seine Kräfte aufbietet und trotzdem ein Beschenkter ist. Trotz angespannter Aktivität ist es auf seine Weise ein genauso magischer, selbstvergessener Moment wie der, in dem man rundum glücklich im Gras liegt oder aufs Meer schaut.

Glück liegt im Augenblick

Der amerikanische Psychologe Mihaly Csikszentmihalyi hat sich intensiv mit diesen Glückszuständen beschäftigt, die er »Flow« nennt: Momente, in denen man alles vergisst und in denen man ganz in seiner augenblicklichen Tätigkeit aufgeht und einfach glücklich ist.

Es geht in diesen Augenblicken nicht um Erfolg. Erfolg ist nur ein Nebenprodukt. Es geht um die Sache selbst. Um das Gefühl, dass das eigene Können und die Anforderungen des Lebens in einer Balance sind, ja sich gegenseitig noch aufschaukeln. Csikszentmihalyi spricht davon, dass Menschen sich in diesen Momenten einer Sache widmen, die größer als sie selbst ist.

Aber nicht der mit der Winner-Mentalität könne dies am leichtesten erleben, sondern derjenige, der mit einer inneren Distanz, aber unbeschwerten Neugier an die Sache herangeht. »Mal sehen, wie weit ich komme« statt »Ich schaffe das«. Gerade seine innere Freiheit, die nicht an Erfolg oder Misserfolg gebunden sei, gebe dem Spieler die Souveränität zur Leistung. Denn Erfolg komme von außen, Zufriedenheit aber aus unserem Inneren.

Dieser Fluss, so hat Csikszentmihalyi herausgefunden, entsteht oft, wenn hohe Anforderungen und hohe Fähigkeiten zusammenkommen. Er hat ihn bei Chirurgen beobachtet, bei Bergsteigern, Schachspielern oder Tänzern. Doch auch in einfachen Arbeiten kann man diesen Glückszustand finden. Michael Ende erzählt in seinem Roman *Momo* vom Straßenkehrer Beppo, der ganz in seiner Tätigkeit aufgeht. Albert Camus lässt im *Mythos von Sisyphos* seinen Helden sogar das Absurde bejahen. Der Stein des Sisyphos wird zu »seinem« Stein, sodass er beginnt, seine vollkommen sinnentleerte Tätigkeit aus einem inneren Reichtum heraus zu tun. Auch Krankheit und Behinderung sind in keiner Weise ein Hindernis, diesen Fluss zu fühlen, sondern manchmal sogar ein Ansporn. Csikszentmihalyi meint auch, früher, als die Menschen gezwungen gewesen seien, in ihrem einmal ergriffenen Beruf zu bleiben, hätten sie sich wohl mehr Mühe gegeben, in ihrer Tätigkeit Zufriedenheit zu finden. Heute wäre die Tendenz entweder wegzulaufen und immer etwas Neues zu beginnen oder wenigstens vom Weglaufen zu träumen. Die Kunst, Zufriedenheit zu erlernen, sei dagegen in Vergessenheit geraten. »Wer mit dem Leben ständig neu beginnt, verfehlt sein Leben«, meinte schon Epikur.

Trotzdem betont Csikszentmihalyi die innere Balance zwischen Anforderung und Fähigkeit. Nur wenn sich beides in einem richtigen Maß zueinander verhalte, könne man wirkliche Fortschritte machen und in diesen befriedigenden Zustand kommen. Sind die Anforderungen dagegen nicht hoch genug, droht Langeweile, sind die Fähigkeiten nicht genügend, dann regiert die Angst. Wenn beides aber im Hinblick auf das andere genügend vorhanden ist und die Balance stimmt, kann man mit der Herausforderung wachsen. So wie schon Schiller beklagt, dass die Kraft der Menschen für unbefriedigende Arbeit verzehrt werde, sieht auch Csikszentmihalyi heute ein gefährlich gestörtes Gleichgewicht zwischen Anforderung und Fähigkeiten. Nicht das rechte Maß, sondern Angst oder Langeweile seien die Regel. Die Fließbänder hätten im 18. Jahrhundert aus stolzen Handwerkern wie den englischen Webern niedrigste Arbeitssklaven gemacht. Entfremdung und mangelnde Kontrolle über das eigene Tun hätten die Freude an der Arbeit getötet. Heute bringt die Arbeit oft zu viel Druck, zu viel Stress, raubt zu viel Zeit und bietet zu wenig Herausforderung und Abwechslung. Nicht nur der sensible Rhythmus zwischen Arbeit und Entspannung, sondern auch der zwischen Engagement und Belohnung, Herausforderung und Erfolg ist gestört. Der spielerische Prozess, von dem Schiller sprach, kommt nicht zustande, weil wir unsere Arbeit nur aus Vernunftgründen machen, während unsere Affekte nur negativ davon berührt werden.

Finde deine eigene Mitte

Menschen, die Befriedigung bei ihrer Tätigkeit empfinden, arbeiten oft viel härter und mehr als die anderen, stellte Csikszentmihalyi fest. Ausgebrannter und ausgelaugter aber sind meist die anderen. Wer keinen »Flow« erlebe, so warnt der

Psychologe, der ergehe sich in Ersatzbefriedigungen mit Flucht- und Konsumcharakter. »Die meisten Berufe und viele Freizeitaktivitäten, besonders jene, die man passiv konsumiert – sind nicht danach ausgelegt, uns glücklich und stark zu machen.« Stattdessen hätten sie das Vermögen, Menschen bis ins Mark auszusaugen und nur schwächliche Hüllen zurückzulassen.

Vermeintlich bedeutungsvolle Situationen nur im Fernseher zu erleben, sei keine Herausforderung und würde uns nur selten so tief bewegen, dass es Spuren hinterlässt. Besonders sieht Csikszentmihalyi Jugendliche gefährdet. Wirkliche Herausforderungen seien zu selten, Schule und Freizeit meist von Unter- oder Überforderung, von Angst oder Langeweile bestimmt. Viele Kinder würden nicht lernen, ihre eigenen Fähigkeiten so zu nutzen, dass sie sie genießen könnten. Stattdessen würden sie immer die einfachen, passiven Lösungen wie Musikhören, Fernsehen oder mit Freunden herumhängen wählen, was im Endeffekt enttäuschend bleiben müsse. Gerade Unterschichtkindern würde oft eingeimpft, dass Schule und Beruf dazu genutzt werden müssten, Geld zu verdienen. Das aber wäre zu wenig für ein zufriedenes Leben. Khalil Gibran meint, man müsse allen Dingen, die man macht, einen Hauch seines Geistes einflössen. Arbeit sei sichtbar gemachte Liebe.

Kein Raum für Experimente
Auch in puncto körperliche Bewegung haben die Soziologen herausgefunden, dass die Kinder oft zwischen Angst und Langeweile hin- und hergerissen werden. Weil den Eltern der moderne Straßenverkehr zu gefährlich ist, dürfen die Kinder beispielsweise entweder nur ganz einfache Wege selbst gehen oder bekommen ständige Wachsamkeit eingebläut. Raum für spielerische Herausforderung gibt es nicht.

Unsere Entscheidung

Es gibt Lebensratgeber, die stecken voller Tipps und Vorschläge, wie man besser, freier und glücklicher leben könne. Wer meint, so etwas bei einem Philosophen zu finden, der wird enttäuscht werden. Philosophen geben keine Tipps. Sie teilen ihre Gedanken, aber sie nehmen niemandem das Denken ab. »Die Einsicht eines Menschen verleiht ihre Flügel keinem anderen«, meint Khalil Gibran.

Im Grunde kommt es auf die geistige Suche an, auf die man sich begibt, und nicht auf die Ergebnisse. »Statt, dass bis dahin

»Der höchste Genuss besteht in der Zufriedenheit mit sich selbst.«

Jean-Jacques Rousseau (1712–1778)

andere für ihn dachten und er bloß nachahmte oder am Gängelbande sich leiten ließ«, sagte Kant über den philosophierenden Menschen, »wagt er es jetzt, mit eigenen Füßen auf dem Boden der Erfahrung, wenn gleich noch wackelnd fortzuschreiten.« Seneca bezeichnete sich selbst als einen Suchenden. In seinem Werk *Vom glücklichen Leben* gibt er zu, dass er meilenweit von seinem Ideal entfernt ist. Aber immerhin habe er sich auf den Weg zum Gipfel aufgemacht und bemühe sich, täglich ein wenig von seinen Fehlern loszuwerden. Er sei von den Fesseln des Erdenlebens nicht mehr aufs Rad gespannt, sondern schleife sie nur noch als Kette hinterher. Niemand, so betont er, werde ihn hindern, »ein Leben zu preisen, das ich selbst nicht führe, aber für lebenswert halte, die Tugend anzubeten und mich in gewaltigem Abstand ihr nachzuschleppen«.

Philosophen können uns zu Genügsamkeit und Mäßigung inspirieren, aber unsere Maßstäbe müssen wir immer noch selbst finden. Niemand kann uns die Entscheidung abnehmen, was für uns genug ist. Nur wir selbst wissen, was wir brauchen, um unseren inneren Frieden zu finden. Wir selbst müssen unsere persönliche Werteskala erforschen und feststellen, welches Maß an Zufriedenheit uns bestimmte Dinge und Aktivitäten geben. Andere können uns aufmerksam machen auf Dinge, die wir vielleicht aus den Augen verloren haben. Finden müssen wir sie selbst.

All diese Lebensratgeber und Programme, die empfehlen: »Tue dieses Gute für dich, mache jenes«, berühren nur die Oberfläche. Mancher Ratschlag kann ganz wohltuend und hilfreich sein, doch die zentralen Dinge in seinem Leben muss man immer noch alleine regeln. Wenn man das nicht tut, dann können all diese schönen »Wege zu mehr Freiheit/Lust/Klarheit/Zufriedenheit« leicht noch mehr Ballast bedeuten. Zum Arbeits-, Beziehungs- und Freizeitstress kommt dann auch noch der Zwang zu Wellness, Erholung und Psychoprogrammen.

Kein Mensch lebt nur. Jeder gestaltet seine Lebensgeschichte. Auch wer nicht zu Reflexionen neigt, reflektiert ständig. Er überlegt, wie er sich in bestimmten Situationen sieht, was er tun soll und wie das in das Bild passt, das er von sich hat oder das andere von ihm haben könnten. Das ist auch gut so. Wir sollen ja selbstbestimmt leben, unsere Wahl treffen, unser Leben formen. Khalil Gibran spricht von einem grenzenlosen Schatz, den wir aus unserem Inneren emporsteigen lassen können. Wir dürfen uns nur nicht mit simplen Antworten und schnellen Handlungen zufrieden geben, sondern müssen immer wieder versuchen, dem Kern unseres Wesens gerecht zu werden. In diesem

Zum Weiterlesen

Epikur: *Brief an Menoikeus*

Platon: *Gorgias, Phaidros*

Seneca: *Vom glücklichen Leben, Moralische Briefe*

Plutarch: *Lebensklugheit und Charakter*

Friedrich Schiller: *Über die ästhetische Erziehung des Menschen*

Khalil Gibran: *Der Prophet*

Mihaly Csikszentmihalyi: *Flow, das Geheimnis des Glücks*

John Gottman: *Die sieben Geheimnisse der glücklichen Ehe*

»Carpe diem!«

Horaz (65–8 v. Chr.)